gutes leben
bene!

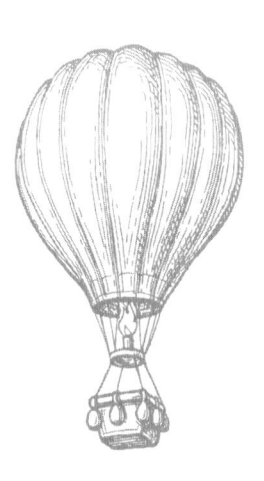

Titus Müller

Staunen

über das Glück
im Unscheinbaren

»Wer noch staunen kann,
wird auf Schritt und Tritt beschenkt.«

Oskar Kokoschka

(österreichischer Maler, geboren 1886)

Inhalt

Ein schwaches, gutes Herz 8

Max Sylvester will fliegen lernen 22

Liebeserklärung 34

Die Träume der Fruchtfliegen 50

Züchter tropischer Fische 66

Wespenpapier 90

»Vor allem möchte ich fliegen.
Nur fliegen …« 106

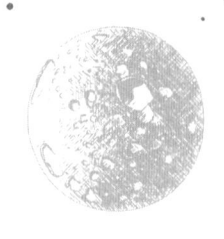

Ein schwaches, gutes Herz

An diesem kalten Sommermorgen kommt mir meine Jacke vor wie ein Relikt aus alter Zeit, sie ist mir fremd geworden in den vielen T-Shirt-Wochen. Der wolkenlos blaue Himmel und die Kälte, diese Kombination verblüfft mich. Die Morgensonne scheint schräg zwischen Häusern und Bäumen hindurch, aber andere Jahreszeiten haben sich in diesen Sommermorgen gemischt; ein Anflug von Herbst und von Schreibtischstunden und Eicheln, die bei einer Windböe aufs Dach prasseln. Sogar ein winziges bisschen Winterhauch, und das mitten im Juli.

Kommt mir deshalb das Leben heute so viel größer vor?

Das Universum hat einen Rhythmus, und auch unsere Körper sind rhythmische Organismen. Wir atmen regelmäßig, unser Puls schlägt in einem nimmermüden Takt.

Das Sonnenlicht, das sich durch den Morgennebel tastet, und das besondere Sonnenlicht am Abend, das die Wolken bemalt – sie sind die schöne Auswirkung dessen, was im großen Getriebe des Weltalls vor sich geht.

Wie weit bin ich mit meiner Alltagsblindheit oft weg von dem, was die Wirklichkeit bedeutet. Als Kind glaubte ich, die Sonne gehe auf, ich glaubte, sie würde sich im Kreis um die Erde herum bewegen, nachts wäre sie auf der Rückseite der Erde, und tags käme sie wieder zu uns geflogen. Dann lernte ich, dass die Sonne stillsteht und die Erde um sie herumkreist.

Dabei ist auch das nicht richtig. Die Sonne steht überhaupt nicht still. Sie rotiert, so wie die Erde auch, man kann das an den Sonnenflecken beobachten. Es dauert 24 Tage, bis sie sich an ihrem Äquator einmal um sich selbst gedreht hat. An den Polen sind es 35 Tage. Dass es da einen Unterschied gibt, hängt damit zusammen, dass sie kein fester Körper ist, sondern eine Kugel aus Gas.

Junge Sterne rotieren schneller als alte Sterne – als hätte sie ein Riese einmal angeschubst, und sie würden allmählich austrudeln.

Aber die Sonne rotiert nicht nur um die eigene Achse, sie rast auch mit unglaublicher Geschwindigkeit – 250 Kilometern pro Sekunde – durch die Milchstraße und nimmt uns dabei mit, uns und das gesamte Sonnensystem mit seinen Planeten, Monden und Asteroiden. Wir kreisen um die Sonne, und die Sonne fliegt, wir schrauben uns kreisend durch das Weltall. Und auch dieser Weg beschreibt einen Kreis, wir reisen mit der Sonne um das Zentrum der Milchstraße.

Galileo Galilei, der übrigens ein tiefgläubiger Mann war, auch wenn ihm die Kirche übel mitgespielt hat, sagte es einmal so: »Die Philosophie steht in diesem großen Buch geschrieben, dem Universum, das unserem Blick ständig offen liegt. Aber das Buch ist nicht zu verstehen, wenn man nicht zuvor die Sprache erlernt und sich mit den Buchstaben vertraut gemacht hat, in denen es geschrieben ist. Es ist in der Sprache der Mathematik geschrieben, und deren Buchstaben sind Kreise, Dreiecke und andere geometrische Figuren, ohne die es dem Menschen unmöglich ist, ein einziges Wort davon zu verstehen; ohne diese irrt man in einem dunklen Labyrinth herum.«

Er suchte Gottes Spuren und fand sie im Weltall.

Ein gigantischer Gasball am Himmel, der uns wärmt und uns Licht gibt. Verrückt, sich vorzustellen, dass das wärmende Sonnenlicht, das meine Haut berührt, gerade 8 Minuten und 20 Sekunden durch das Weltall unterwegs war, bis es mich erreicht hat. Die Sonne ist so groß, dass man quer durch sie hindurch eine Schnur spannen könnte, auf der 109 Erden aneinandergereiht sind. Und sie ist 300 000-mal schwerer als die Erde (was auch erklärt, weshalb wir um sie kreisen und nicht umgekehrt).

Wir erzeugen Strom durch Solarzellen, aber ist uns überhaupt bewusst, was da genau passiert? Lichtteilchen (Photonen) treffen auf ein Metall und schlagen ein Elektron aus dem Metallgitter heraus und erzeugen so elektrischen Strom. Es ist, als würden wir eine Bratpfanne hinhalten und es würde immer wieder einmal »pling« machen. Wie verrückt!

Und nicht erst seit der Erfindung der Solarzellen beziehen wir unsere Energie von der Sonne. Fast alle Energie auf der Erde ist letztendlich umgewandelte Sonnenenergie. Man denke nur an den Stoffwechsel der Pflanzen durch Fotosynthese und die Nahrungsketten durch alle Tierarten hinauf.

Woher aber nimmt die Sonne ihre Kraft? In ihrem Inneren verschmelzen in jeder Sekunde 564 Millionen Tonnen Wasserstoff zu 560 Millionen Tonnen Helium. Die fehlenden vier Millionen Tonnen werden in Strahlung umgesetzt. In jeder Sekunde verliert die Sonne also vier Millionen Tonnen Masse. Sie braucht sich auf. Das fällt aber kaum ins Gewicht: Nach 10 Milliarden Jahren beträgt der Verlust gerade einmal 0,1 Prozent ihrer Gesamtmasse.

Auf der Sonne kann es regnen. Der Niederschlag besteht nicht aus Wasser, sondern aus Plasma. Kühlt die Sonne an einer Stelle ab, bilden sich aus dem heißen Plasma Tropfen, und es regnet herab.

Wie gern würden wir die Verschmelzung von Wasserstoff zu Heliumkernen beherrschen. Wasserstoff ist weit verbreitet und billig, und seine Asche, Helium, ist harmlos. Seit Jahren baut man an einer Versuchsanlage in Südfrankreich, dort arbeiten Europa, Russland, die USA und Japan zusammen, um einen Reaktor zu bauen, der genau das tut, was tagtäglich in der Sonne geschieht: Kernfusion. Wir wollen das Sonnenfeuer bändigen.

Ich weiß nicht, ob es gelingen wird. Aber ich weiß eines: Ich staune darüber, dass für uns Äpfel reifen, weil eine gigantische Gaskugel am Himmel ihr Sternenfeuer abbrennt. Dass ich im Freien auf der Bank sitzen und ein Buch lesen kann, weil mir die Sonne auf die Seite leuchtet. Dass wir durchs Weltall rasen wie auf einer endlosen Karussellfahrt.

Kaum einmal denken wir daran. »Das Publikum beklatscht ein Feuerwerk, aber keinen Sonnenaufgang«, schrieb Friedrich Hebbel. Dabei hätte der Sonnenaufgang den Applaus viel eher verdient.

Wir wollen, dass unsere Begrenzungen wegfallen, die zeitliche Begrenzung zum Beispiel. Wir versuchen sie durch hektische Betriebsamkeit zu durchbrechen wie eine Schallmauer. Die physische Begrenzung beackern wir durch Fitnessprogramme, Grenzerfahrungen, Reisen. Die geistige Begrenzung blenden wir aus im Glauben, doch recht klug zu sein im Vergleich zu vielen anderen.

Wir lehnen es ab, Geschöpf zu sein.

Vielleicht ist es gesund, anzuerkennen, dass ich nicht unbegrenzt Zeit, Kraft und Verstand habe. Dass meine Fähigkeiten Grenzen haben. Wie oft zerstöre ich mir das Lebensglück, indem ich mir für den Tag zu viel vornehme. Der übervolle Plan garantiert, dass ich am Abend unglücklich ins Bett gehen werde, mit dem

Gedanken, nicht alles geschafft zu haben. Trotzdem renne ich am nächsten Tag wieder den Hügel der Selbstüberschätzung hinauf.

Dabei glaube ich an Gott, das müsste eigentlich ein gutes Heilmittel sein. Ich frage mich beim Spazierengehen: Was muss das für ein Wesen sein, das solche Vielfalt geschaffen hat? Wer denkt sich Bäume aus mit knorriger Rinde und flüsternden Blättern? Wer denkt sich Mistkäfer aus, die in der Sonne glänzen, und Ameisenstaaten?

Ich bete, während ich spaziere. Mit geschlossenen Augen und gefalteten Händen driften meine Gedanken ab, aber wenn ich gehe, wenn mein Blick frei über Wald und Feld schweift, kann ich mich auf ein Gespräch konzentrieren.

In meiner Vorstellung ist Gott ein Bastler, ein schöpferischer Typ, der sich Lebewesen einfallen lässt und sie dann liebevoll und geduldig in ein Biotop setzt. Ich stelle mir vor, dass er über uns mitunter den Kopf schüttelt.

Er nennt sich in der Bibel Vater, Hirte, Bräutigam, Liebhaber, Henne, unter deren Flügel die Küken schlüpfen. Er will mit uns eine Beziehung führen, das klingt deutlich heraus. Bloß, wie soll das gehen, wenn die Interaktion meist eine Einbahnstraße ist?

Donald Miller beschreibt in seinem Buch »To Own A Dragon« die wundervolle Idee, dass womöglich jede menschliche Beziehung – die Liebe zwischen Mann und Frau, die Liebe von Eltern zu ihren Kindern, die Freundschaft – von Gott als zärtlicher Hinweis erfunden wurde. Donald Miller stellt sich vor, dass Gott sich jedes Mal freut, wenn wir so etwas erleben, und dass er sagt: »Siehst du? So wird es sein, wenn du einmal bei mir bist.« Dann ist aber unser Leben hier nur der Prolog, und die wirkliche Romanhandlung fängt erst später an. Irgendwie erscheint mir das eigenartig. Warum die Mühe, für einen Prolog diesen Planeten bis ins Detail so liebevoll auszugestalten?

Rainer Maria Rilke schrieb 1914 einen Brief an Magda von Hattingberg und bekannte darin:

»Wie oft hab ich in der Natur so einem kleinen Käfer zugesehen, der etwas vorhat, und es misslingt, und er tuts immer wieder, – siehst du, hab ich mir vorgesagt, der ist auch allein. Wie leicht könnte Gott ihm helfen, diesen Halm zu besteigen, es ist auch gar nicht so, dass Gott nicht will, – aber er weiß, der Käfer würde erschrecken, wenn er ihm hülfe, der Käfer würde vielleicht alles aufgeben und denken, mir ist so merkwürdig zumut, gerade, als ob alles verwandelt sei, als ob ich gar kein Käfer mehr wäre –. So hütet sich Gott und hält sich weit weg von dem kleinen Tier, aber ich habe die Vermutung, das kleine Tier, sooft es bei seinem Aufstieg wieder antritt, weiß nichts mehr von der letzten Enttäuschung und Niederlage, hat alles vergessen, steht wieder vor einer ganz neuen Sache, ordentlich neugierig, was das diesmal wird und in der heitersten Unternehmung. Früher, wenn ich mich nicht irre, war mir so jeden Morgen oder doch dann und wann, dass jeder Beginn wie der erste war, wie der einzige.«

Rainer Maria Rilke, Brief an Magda von Hattingberg vom 8. Februar 1914

Stehen wir so zueinander, Gott und ich? Hält er sich zurück, um mich nicht zu erschrecken, und ich bin ein Käfer, der seinen Weg entlangkrabbelt, und Gott hockt daneben und sieht mir lächelnd zu?

Für so vieles habe ich keinen Blick! Zum Beispiel kommt es mir nahezu nie zu Bewusstsein, dass in meinem Körper 100 000 Kilometer Blutgefäße verlaufen, eine Strecke, die zweieinhalb Mal um die Erde führt. Wie soll ich einen solchen Gedanken fassen?

Es tut mir gut, darüber zu staunen. Und indem ich meinen Körper bestaune, bestaune ich den Schöpfer, der ihn erdacht hat. Auch die anderen Menschen sehe ich plötzlich als etwas Kostbares und Geheimnisvolles.

Damit meine ich nicht den Perfektionismus, nicht die makellosen Leiber und Gesichter der Werbeplakate, die unsere Krankheit, Schwäche oder Entstellung aus dem Leben verbannen wollen, indem sie ein unerreichbares Ideal postulieren. Die Werbeplakatmenschen gibt es nicht, sie sind durch Photoshop kreiert worden.

Ich meine ein bewunderndes, gutes Bild vom Menschen. Trotz seiner Anfälligkeit. *Mit* seiner Anfälligkeit. Nicht den Versuch, immer und überall effizient zu sein, bei Vollauslastung aller Ressourcen. Nicht das ständige Aufsteigen und Brillieren in der Leistungsgesellschaft, das Bluffen, wenn man nicht an der Spitze mithalten kann. Und nicht das Weltbild, das heutzutage wie selbstverständlich davon ausgeht, dass jeder nur an sich denkt.

Der Promi fliegt nach Afrika und besucht Waisenkinder? Der spendet doch nur zum Schein, in Wahrheit will er vor allem sein eigenes Gesicht in die Kamera halten. Der junge Mann kümmert sich rührend um seine Oma? Der ist doch nur scharf aufs Erbe.

Ich erhalte ein Geschenk? Man kriegt nichts geschenkt auf der Welt, das muss einen Grund haben …

Am Ende landen wir beim Furchtbaren: Jeder denkt an sich, dann ist an alle gedacht. Wir verteidigen uns vor uns selbst, ich muss halt auch sehen, wo ich bleibe.

Nein – ich möchte wieder einem Frieden trauen und ein Glück empfinden können ohne angstvolle Hintergedanken. Ich will wieder an das Edle im Menschen glauben. Gott tut es, oder zumindest gibt er uns trotz unserer nicht so edlen Anteile nicht auf, hofft auf die guten Anteile und will sie stärken.

Wir leben in einer schweren, dunklen Welt. Filme und Romane erzählen uns immer häufiger vom unabwendbaren Untergang, von der Sinnlosigkeit des Lebens. Sie schildern Menschen als Raubtiere, die ihresgleichen ausbeuten, und zeigen die Natur als tödlich verwundet. Das Gefühl des Niedergangs und die Angst vor der Zukunft drücken uns nieder. Gerade jetzt will ich die Schönheit suchen. Auch wenn ich weiß, dass wir immer, auch in unserer Wohlstandsgesellschaft, am reißenden Fluss des Leids entlangwandern: Ich sehe, dass wir schön sind und dass tief in uns ein schwaches, gutes Herz zu schlagen wagt.

Max Sylvester will fliegen lernen

⋮ Vier junge Albaner hat die Umzugsfirma zu uns geschickt. Der 7,5-Tonner ist bald voll. Die vier schuften ordentlich, wir helfen mit, wo wir können, und bald werfen sie uns freundliche Blicke zu. Ich frage, was »danke« auf Albanisch heißt, sie bringen es mir bei, es heißt *faleminderit,* und ich sage es öfter an diesem Tag. Sie lachen.

Am Zielort stellt sich heraus, dass das Treppenhaus zu schmal ist für das Klavier meiner Frau. Die Möbelpacker beraten bedrückt. Wir suchen die Telefonnummer eines Klavierhändlers heraus, aber die Aussicht, ihr Klavier zu verlieren, treibt Lena die Tränen in die Augen. Der Vorarbeiter spricht als Einziger Deutsch, er sagt zu mir: »Es ist ein Wahnsinn, mit dem Klavier durch dieses Treppenhaus, aber die

Jungs sagen, wir probieren es. Wir haben doch gesehen, wie traurig Ihre Frau ist.«

Dann bringen sie in einem unglaublichen Kraftakt das Klavier nach oben, teilweise steht es hochkant, und die Wand hat hinterher so tiefe Narben, dass meine halbe Hand darin verschwindet. Lena ist glücklich. Ihr Klavier, auf dem sie als Kind spielen gelernt hat, steht jetzt in unserem Wohnzimmer, und ich glaube, es hat mit einem kleinen Wort zu tun und dem Lächeln, mit dem wir es austauschten: *faleminderit*. Danke.

Wir leben in einer Zeit der Forderungen. Ständig sind wir besorgt, man könnte uns benachteiligen, und haben deshalb verinnerlicht, aufzutrumpfen und zu verlangen, was uns unserer Meinung nach zusteht. Man geht leicht im Rufen der vielen unter, man muss auf sich aufmerksam machen. Laut sein. Vehement.

Die Kraft eines leisen, freundlichen Danks haben wir vergessen.

Sie ist unsichtbar. Und hat doch Bedeutung und Potenz.

Max Sylvester, 29, will fliegen lernen. Seine Frau und die drei Kinder warten am Boden, während er mit dem Fluglehrer abhebt. Es ist der 31. August 2019, vier Uhr am Nachmittag. Der Himmel ist leicht bewölkt. Die zweisitzige Cessna 152 lässt die Startbahn unter sich zurück, der Motor lärmt, und die Fenster klappern, während unter ihnen die Gebäude kleiner werden. Der Fluglehrer erklärt die Instrumente. In der Vergangenheit hat Max Sylvester bereits zwei Flugstunden absolviert, in anderen Flugzeugtypen. Selbst gestartet oder gelandet ist er noch nie. Er hört aufmerksam zu.

Da verstummt der Fluglehrer unvermittelt und kippt im Sitz zur Seite, bis er an der Schulter seines Schülers lehnt. Sylvester versucht, ihn aufrecht zu halten, er spricht ihn panisch an, aber der Fluglehrer reagiert nicht. Er hat das Bewusstsein verloren.

Es ist still bis auf das Brummen des Motors. Die Instrumente zeigen 1900 Meter Flughöhe. Sylvester wendet sich an den Tower des kleinen Flughafens Jandakot: »Emergency. Emergency. Emergency.«

»Jandakot Tower, ich kann Sie hören. Wissen Sie, wo Ihr Transponder ist?« Nachdem er keine Antwort auf die Frage erhält, erkundigt sich der Lotse: »Sind Sie damit vertraut, wie man das Flugzeug fliegt?«

»Das ist meine erste Flugstunde.«

»Wo ist Ihr Fluglehrer, ist er ohnmächtig?«

»Er lehnt an meiner Schulter, ich versuche, ihn oben zu halten, aber er fällt immer wieder runter.«

Für einen Moment ist es still. »Als Erstes werden wir dafür sorgen, dass die Tragflächen waagerecht bleiben und Sie die Geschwindigkeit und die Flughöhe halten.«

»Meine Flughöhe ist momentan tausendneunhundert.«

»Wissen Sie, ob Sie einen Transponder an Bord haben? Wissen Sie, was das ist? Wissen Sie Ihre Kennzeichnung?«

»Verzeihung?«

»Können Sie die Zahlen auf dem Transponder lesen?«

Er kann es nicht.

Der Fluglotse fragt, ob er irgendwelche deutlichen Landmarken sehen kann, und sie tauschen sich darüber aus, was er vom Flugzeug aus sieht. Der Lotse lobt ihn.

»Können Sie den Flughafen sehen? Ich schalte das rotierende Licht auf dem Dach des Towers an.«

Der Flugschüler bestätigt.

»Wir werden versuchen, Sie auf Landebahn 3-0 zu bringen. Sie können den Flughafen gleich anfliegen.«

»Soll ich die Geschwindigkeit reduzieren? Ich bin gerade bei zweitausendsechshundert, und meine Geschwindigkeit ist bei hundertzehn.«

»Wir können Sie vom Fenster aus sehen. Sie machen das wirklich großartig. Ich weiß, das ist sehr aufreibend, aber Sie machen es fantastisch, und wir werden Ihnen helfen, runter auf den Boden zu kommen. In Ordnung?«

Ich war nicht in diesem Flugzeug, ich sitze an meinem Schreibtisch und höre den Mitschnitt des Funkverkehrs von jenem 31. August 2019, aber mein Herz pumpt, als säße ich selbst im Cockpit. Ich bin dankbar für die Ermutigung des Fluglotsen. Er hat etwas Väterliches an sich.

Der Flugschüler ist nervös. »Darf ich bitte zuerst einen Überflug machen?«, fragt er.

»Tun Sie das, machen Sie sich vertraut mit der Landebahn. Es sind hier derzeit keine anderen Flugzeuge in der Luft, also werden Sie niemandem zu nah kommen. Wenn Sie die Geschwindigkeit reduzieren wollen, achten Sie nur … Man nennt es RPM, das sind die Zweitausendsechshundert, von denen Sie gesprochen haben, Umdrehungen pro Minute. Achten Sie darauf, dass die Zahlen grün sind, nicht gelb oder rot, Sie können behutsam die Geschwindigkeit reduzieren, und halten Sie ein Auge darauf, dass Sie nicht ins Rote kommen, und halten Sie die Tragflächen waagerecht und die Nase schön gerade am Horizont.«

Auf dem Flughafen rücken vier Feuerwehrwagen und ein Krankenwagen aus.

»Sie fliegen gerade entgegengesetzt zu der Richtung, in der Sie nachher landen sollen. Könnten Sie eine Rechtskurve fliegen … wenn Sie möchten? Ganz genau, fliegen Sie weiter diese schöne Rechtskurve für mich. Aus dem rechten Fenster sehen Sie die Landebahn, auf der ich Sie gern hätte.«

»Habe verstanden. Danke für Ihre Hilfe.«

»Dafür sind wir da.«

Er erklärt noch mal die drei Landebahnen und woran der Flugschüler die richtige erkennt. Dann beschreibt er ein parkendes Flugzeug zu Beginn der Landebahn, um zu zeigen, wo das Flugzeug ungefähr aufsetzen soll. »Schön ruhig, fliegen Sie mal über die Landebahn, damit Sie ein Gefühl dafür bekommen, wie es sein wird, dort zu landen.« Er fragt: »Haben Sie schon einmal ein Flugzeug gelandet, selber oder mit jemand anderem, der Ihnen geholfen hat?«

»Nein, hab ich nicht.«

Der Fluglotse lässt den Schüler Kreise fliegen und Probeanläufe machen. Er sagt: »Sie sollen sich wohlfühlen bei Ihrem Landeversuch, also ist es genau richtig, was Sie gerade machen. Wie Sie den Anflug auf die Landebahn üben, ist wirklich gut. Momentan sollten Sie einfach ein Gefühl dafür bekommen, wie Sie die Landebahn unter sich bekommen.«

»Könnten Sie mir bitte sagen, wie ich Sie etwas lauter stellen kann, damit ich Sie besser höre?«

»Am rechten Ohrhörer Ihres Headsets sollten Sie es etwas lauter drehen können. Wie Sie die Bahn gerade angeflogen haben, die Flughöhe, auf die Sie gekommen sind, war perfekt. Was Sie aber beim nächsten Mal tun müssten, ist, die Geschwindigkeit zu reduzieren. Das war das einzige Problem. Es war nur ein bisschen zu flott.«

Beim nächsten Anflugversuch wird es ernst. Der Lotse verlangt: »Senken Sie auf tausendsiebenhundert RPM. Heben Sie sanft die Nase an.«

Der Schüler versucht den Anflug. Aber es gelingt nicht, er zieht das Flugzeug wieder hoch.

Der Lotse sagt ruhig: »Wir landen beim nächsten Anflug. Gut gemacht. Gute Entscheidung. Die Höhe war perfekt. Wir landen beim nächsten Mal. Sie machen das wirklich, wirklich gut. Sie tun exakt das Richtige, wir bringen Sie wieder auf den Boden.«

Jemand filmt mit dem Handy den erneuten Landeanflug der Cessna. Beim Ansehen des Videos auf YouTube donnert mir das Herz gegen die Rippen.[1]

Der Lotse wird jetzt hektischer, während sich das Flugzeug dem Boden annähert. »Nase weiter runter. Nase weiter runter. Nase weiter runter. Nase weiter runter. Nase weiter runter. Perfekt. Perfekt. Gas weg. Gas weg. Gas weg. Gas weg. Die Nase sanft anheben. Die Nase sanft anheben. Halten. Halten. Halten. Halten. Genau so halten. Das ist perfekt. So halten.« In

---

1 Den Mitschnitt des Funkverkehrs zwischen dem Tower und Max Sylvester finden Sie hier: https://bit.ly/2lOdXpm und die Landung, mit dem Handy gefilmt, hier: https://bit.ly/2lSpl3K

diesem Moment setzt das Flugzeug auf. »Sanft in die Bremsen. Sanft in die Bremsen. Und Sie sind am Boden. Sie haben es geschafft! Sie haben unglaubliche Arbeit geleistet. Gratuliere zum ersten Solo.«

Sanitäter holen den bewusstlosen Fluglehrer aus dem Flugzeug und begutachten auch Max Sylvester.

Chuck McElwee, der Eigentümer der betroffenen Flugschule Air Australia International, sagt der Nachrichtenagentur AFP: »Das hätte sehr, sehr schlecht ausgehen können. Aber alles ist gut gegangen, und das vor allem wegen der guten Arbeit des Towers.«

Worin bestand diese gute Arbeit? Der Flugschüler erklärt CNN: »Ich hatte ziemliches Chaos im Kopf. Und es war schwer auszuhalten, dass es meinem Fluglehrer nicht gut ging. Das Wichtigste war, uns auf den Boden zu bringen und mit jemandem zu reden, der mir dabei helfen konnte.«

Immer wieder ermutigte der Fluglotse Sylvester. Er traute ihm zu, das Flugzeug, in dem er zum ersten Mal saß, sicher zu landen. Dieses Zutrauen hat Max Sylvester gestärkt: die Ermutigung durch einen erfahrenen Mentor, auch wenn der nur Worte für ihn hatte und nicht wirklich eingreifen konnte.

Ein Flugzeug geflogen habe ich nie. Aber Mentoren wie dieser Fluglotse haben mir Pfade im Leben gezeigt, die ich sonst nicht gefunden hätte. Mit George Dunder, einem alten Mann im Rollstuhl, wechselte ich jahrelang Briefe. Er sagte irgendwann, meine Briefe seien etwas Besonderes. Ob ich nicht aus dem Schreiben etwas machen wolle? Inzwischen lebe ich seit zwanzig Jahren vom Schreiben. Ich bin Autor, weil George Dunder mich ermutigt hat.

George lebt nicht mehr, aber ich bin ihm dankbar für die Kraft, die er mir gespendet hat. Viel zu oft staunen wir nur über das Sichtbare. Das, was wir weder sehen noch anfassen können, kann genauso große Bedeutung haben. Es kann verändern, wer wir sind.

Liebeserklärung

Maria, 19 Jahre alt, ist unterwegs durch Berlin. In ihrer Tasche sind ein paar Kleider, Essen, ein Brief. Der Mann, den sie besuchen möchte, ist ihr Verlobter. Um ihn zu sehen, muss sie einiges überstehen. Sie hat eine durchwachte Nacht im Eisenbahnabteil hinter sich, ist über 400 Kilometer weit angereist und vom Bahnhof direkt zum Gefängnis gelaufen – ohne Frühstück, ohne Mittagessen. Gleich werden Wachmänner sie kontrollieren, ihre Sachen durchwühlen. Sie wird stundenlang vor einer vergitterten Tür warten: nur um den Mann, den sie liebt, für wenige Minuten zu sehen.

Es ist 1943, und Marias Verlobter heißt Dietrich Bonhoeffer.

Seit dem 5. April 1943 sitzt der 37-jährige Pastor im Gefängnis. Ein kalter Raum, zwei mal drei Meter. Eine Pritsche, eine stinkende Decke, Wandbrett, Schemel und Kübel. Durch ein kleines Beobachtungsloch in der Bohlentür betrachten sie ihn stumm. Morgens wirft ihm ein Wachmann trockenes Brot durch einen Türspalt hinein. Niemand spricht mit ihm – das ist für ihn, den kommunikativen Pastor, besonders schlimm. Stundenlang sagt er sich selbst Bibelverse und geistliche Liedtexte vor. Aus den Nachbarzellen hört Dietrich das Stöhnen, das Weinen seiner Leidensgenossen. Im Keller des Wehrmachtsuntersuchungsgefängnisses Tegel werden Gefangene gefoltert.

Zunächst sieht es danach aus, dass Dietrich bald freigesprochen wird. In den Verhören kann er, der Redegewandte, jeden Verdacht von sich ablenken, dass er an einer Verschwörung gegen Hitler, den »Führer«, beteiligt gewesen sein soll. Und vielleicht verliert Deutschland ja den Krieg? Vielleicht ist Hitler schon bald nicht mehr an der Macht, und er kommt frei?

Unvermittelt teilt ihm ein Wachmann mit: »Sie dürfen Ihre Verlobte sehen!« Wann? »Jetzt gleich!« Schon eine Minute später sitzt er Maria gegenüber.

»Eben komme ich zurück und habe Maria gesehen – eine unbeschreibliche Überraschung und Freude!«[2], schreibt Dietrich Bonhoeffer am 24. Juni 1943. »Es ist mir noch wie ein Traum – wirklich eine fast unbegreifliche Situation –, wie werden wir später einmal daran zurückdenken! Was man in einem solchen Augenblick sagen kann, ist ja belanglos, aber das ist ja auch nicht die Hauptsache. Es war so tapfer von ihr zu kommen; ich habe es ihr gar nicht zuzumuten gewagt; denn es ist ja doch für sie viel schwerer noch als für mich; ich weiß, woran ich bin, für sie ist alles unvorstellbar, rätselhaft, schrecklich. Wie wird es sein, wenn dieser böse Albdruck einmal vorüber ist!«

Maria schildert die Begegnung nüchterner. Sie sei in einen Raum geführt worden und hätte

---

2   Brief von Dietrich Bonhoeffer an seine Eltern vom 24. Juni 1943, zit. nach: Dietrich Bonhoeffer, Maria von Wedemeyer: *Brautbriefe Zelle 92. Dietrich Bonhoeffer, Maria von Wedemeyer 1943-1945.* Herausgegeben von Ruth-Alice von Bismarck und Ulrich Kabitz. C.H. Beck, München 2005, S.18.

sich unvermittelt ihrem Verlobten gegenüber-
gesehen. Dietrich sei geschockt gewesen,
schreibt sie und vermutet, der Ankläger des
Reichskriegsgerichts, Manfred Roeder, habe sie
bewusst eingesetzt, um ihn zu verunsichern.
Nach einem Moment der Sammlung drückte
Dietrich ihre Hand und hielt sie länger fest, und
sie redeten.

Nur ein einziges Mal haben die beiden sich
geküsst. Und waren nicht einmal allein dabei.
»Nun sind wir fast ein Jahr verlobt und haben
uns noch nie eine Stunde allein gesehen! Ist das
nicht ein Wahnsinn?«, schüttet Dietrich einem
Freund sein Herz aus. »Alles, was sonst zur
Verlobungszeit gehört, das Sinnlich-erotische
müssen wir bewusst verdrängen, unseren ersten
Kuss haben wir uns vor R's [Oberstkriegs-
gerichtsrat Manfred Roeder] Augen geben
müssen. Wir müssen uns über Dinge unterhal-
ten und schreiben, die uns beiden imgrunde
nicht die wichtigsten sind, wir sitzen alle Monate eine Stunde brav wie auf der Schulbank
nebeneinander und werden wieder ausei-

nandergerissen, wir wissen so gut wie nichts voneinander, haben nichts miteinander erlebt, denn auch diese Monate erleben wir ja getrennt.«[3]

Ihre Besuche im Gefängnis, das weiß die junge Frau, werden den Geliebten aufmuntern. Maria ist lebenslustig, eine sprühend-faszinierende Persönlichkeit, die andere Menschen anzieht. »Ich hatte noch nie ein so wunderschönes Mädchen gesehen«, notiert Dietrichs Nichte, als sie sie kennenlernt. »Soviel Lebendigkeit und Helle gingen von ihr aus.«

»Es war so gut, dass Du heute hier warst«, schreibt Dietrich der Freundin ein anderes Mal, nachdem sie ihn im Gefängnis besucht hat. »Dass Du eine Weile neben mir […] gesessen hast und bei mir warst. Da hast Du nun eine durchwachte Nacht gehabt, bist gereist und vom Bahnhof – wahrscheinlich ohne Mittagessen – direkt hierhergekommen und

---

3   Brief von Dietrich Bonhoeffer vom 15. Dezember 1943 an Eberhard Bethge, in: Dietrich Bonhoeffer, *Werke* Bd. 8. Gütersloh 2005, S. 236.

Du sagst natürlich nur: das ist doch selbstverständlich! Ja, Maria, – aber dass es selbstverständlich ist, das ist ja gerade das Wunder, das
mir immer wieder unbegreifliche Glück, das so
ganz und gar Unselbstverständliche!«[4]

Auch wenn sie sich im Moment nur schreiben können – und das Geschriebene zensiert
die Geheime Staatspolizei auch noch, mindestens ein Beamter liest immer mit –, wollen die
beiden zusammenbleiben. In seiner Einzelzelle
plant Dietrich ihre Hochzeit. Doch wann wird
das sein? Alles hängt davon ab, wann er aus
dem Gefängnis freikommt. Maria denkt zunächst an eine sommerliche Feier im Garten.
Dann an ein Fest im Herbst. Dann an eine
Winterhochzeit.

Sie schreibt Dietrich von ihrer Sehnsucht.
Schreibt, wie sie auf dem Fensterbrett sitzt und
in den Himmel sieht und sich erträumt, wie es
eines Tages für sie sein wird.

---

4   Brief von Dietrich Bonhoeffer an Maria von Wedemeyer vom
    10. November 1943, in: *Brautbriefe,* S. 77.

In ihren Briefen fangen Dietrich und Maria unscheinbare Momente im Alltag ein, über die es sich zu staunen lohnt: Anisplätzchen. Die herrliche Erdbeermarmelade. Den »märchenhaften« Kuchen, den Maria gebracht hat. Das bequeme Kissen. Ein lesenswertes Buch. Die Stunde vor dem lodernd hellen Kaminfeuer.

Jeder Brief, den die junge Frau aus dem Gefängnis erhält, wird gefeiert, bis in den einzelnen Satz, in das einzelne Wort, in die Bögen der Buchstaben des Geliebten hinein. Maria empfängt die Briefe ihres Verlobten wie kostbare Schätze.

Was für ein ungleiches Paar sie sind, der Pfarrer und die Abiturientin! Sie stammt aus einer adeligen Familie aus dem Kreis Königsberg. Unvermittelt stirbt 1942 erst ihr Vater an der Front in Russland durch einen Granatsplitter, kurz darauf ihr Bruder Max durch einen Kopfschuss. Nun müssen die Frauen ihre große Familie zusammenhalten. Jede von ihnen packt an, wo sie kann, so auch Maria. Sie hütet Kinder, kümmert sich um Kranke. Nachdem ihre Großmutter eine Operation an den Augen überstanden hat, liest Maria ihr regelmäßig vor. »Zufällig« bestellt die weißhaarige, adelige Dame jedes Mal zur selben Zeit einen bestimmten Herrn ans Krankenbett ein: Pastor Dietrich Bonhoeffer. Die damals 18-Jährige und der 36-Jährige verlieben sich ineinander.

Maria weiß nicht, dass Dietrich gerade aus Schweden zurückgekehrt ist. Dort hat er – offiziell – für das NS-Regime Erkundungsfahrten unternommen. Inoffiziell nimmt der Pastor während seiner Auslandsreisen nach Italien, Norwegen, Schweden und in die Schweiz jedoch Kontakt zu ausländischen Kirchenleuten auf und plant mit ihnen die Zukunft für Deutschland, für die Zeit, wenn Hitler endlich gestürzt ist.

Eigentlich hat der Theologe alle Verbindungen zu Frauen abgebrochen, als er seine gefährliche Arbeit begonnen hat, die ihn jederzeit ins Gefängnis bringen kann. Überhaupt ist er keine gute Partie: Publikationsverbot, Redeverbot,

Einreiseverbot für Berlin … Immer wieder muss er gegen solche Schikanen der Geheimen Staatspolizei und der nationalsozialistischen Regierung ankämpfen. Er hat kein regelmäßiges Einkommen, kein Pfarrhaus, lebt aus dem Koffer.

Die Widerstandsarbeit fordert einen ganz, davon ist der Theologe überzeugt. »Wer hält stand?«, hat Dietrich einmal angesichts der nationalsozialistischen Attacken gefragt. »Allein der, dem nicht seine Vernunft, sein Prinzip, sein Gewissen, seine Freiheit, seine Tugend der letzte Maßstab ist, sondern der dies alles zu opfern bereit ist, wenn er im Glauben und in alleiniger Bindung an Gott zu gehorsamer und verantwortlicher Tat gerufen ist, der Verantwortliche, dessen Leben nichts sein will als eine Antwort auf Gottes Frage und Ruf.«

Allein wollte er den Weg in den Widerstand gehen. Doch dann hat er, der überzeugte Junggeselle, sich verliebt.

Während er nun in Haft ist, schreibt Maria ihrem fernen, unerreichbaren Verlobten, unbeirrt. Immer wieder steigt sie in den Zug, wartet im Gefängnisflur, besucht den Mann, den sie liebt. Wäre ihr Leben nicht einfacher und leichter, wenn sie ihn nie kennengelernt hätte?, will er einmal wissen. Sie antwortet, dass sie nichts ungeschehen machen wolle, weder das Lächeln noch die Tränen.

Immer häufiger wird Berlin aus der Luft bombardiert. An allen Kriegsfronten hat sich die Situation verschlechtert. Dieser sinnlose Weltkrieg, das Bekämpfen der Kirchen, die systematische Vernichtung der Juden – sie müssen enden. Fieberhaft arbeiten die anderen Widerstandskämpfer an einem weiteren Attentat, bei dem Hitler sterben soll.

»Ich möchte den Duft deines Wesens atmen
ihn einsaugen, in ihm bleiben
wie an einem heißen Sommertag
schwere Blüten die Bienen zu Gast laden
und sie berauschen,
wie Nachtschwärmer vom Liguster trunken
werden. […]
Mein Leben will ich, mein eigenes Leben fordr'
ich zurück,
meine Vergangenheit,
dich!«[5]

»Vergangenheit« heißt Dietrichs Gedicht, und es enthält eine glühende Liebeserklärung an Maria. (Es ist unzensiert, weil ein Wärter es aus dem Gefängnis herausschmuggeln konnte.) Er schickt es Anfang Juni 1944 und unterschreibt mit: »Immer, immer Dein Dietrich«.[6]

Zu dieser Zeit weiß Dietrich Bonhoeffer um das neue Attentat, das die anderen planen.

---

5 *Brautbriefe*, S. 193
6 *Brautbriefe*, S. 195

(Maria ahnt nichts von alledem.) Das Attentat scheitert; Adolf Hitler, der »Führer«, überlebt an diesem 20. Juli 1944. Mit grausamer Hand greift die Geheime Staatspolizei nach über 130 Widerstandskämpfern und Mitwissern, Männern und Frauen. Als geheime Unterlagen der Widerständler auftauchen, verrät dies mehr über Bonhoeffers Rolle im Geflecht der Hitlergegner. Sie bringen ihn ins Kellergefängnis hinab. Täglich rechnet er nun damit, dass die Zellentür aufgeht und er zur Hinrichtung abgeführt wird. Maria wird Dietrich nicht mehr wiedersehen.

Weihnachten 1944. »Es werden sehr stille Tage in unsern Häusern sein«, schreibt Dietrich an seine geliebte, ferne Braut aus seiner engen Zelle im von Bombenangriffen geschüttelten Berlin. Es wird der letzte Brief an sie sein. »Aber ich habe immer wieder die Erfahrung gemacht, je stiller es um mich herum geworden ist, desto deutlicher habe ich die Verbindung mit Euch gespürt. Es ist, als ob die Seele in der Einsamkeit Organe ausbildet, die wir im Alltag kaum kennen. So habe ich mich noch keinen Augenblick allein und verlassen gefühlt. Du, die Eltern, Ihr alle, die Freunde und Schüler im Feld [an der Front], Ihr seid mir immer ganz gegenwärtig. Eure Gebete und guten Gedanken, Bibelworte, längst vergangene Gespräche, Musikstücke, Bücher bekommen Leben und Wirklichkeit wie nie zuvor. Es ist ein großes unsichtbares Reich, in dem man lebt und an dessen Realität man keinen Zweifel hat. […] Ich bin jeden Tag froh, dass ich Dich, Euch habe und das macht mich glücklich froh.«

Dass sie die lange Zeit der Trennung ausgehalten haben, darüber staunt er. »Es sind nun fast zwei Jahre, dass wir aufeinander warten, liebste Maria. Werde nicht mutlos! Ich bin froh, dass Du bei den Eltern bist. Grüße Deine Mutter und das ganze Haus sehr von mir. Hier sind noch ein paar Verse, die mir in den letzten Abenden einfielen. Sie sind der Weihnachtsgruß für Dich und die Eltern und Geschwister.« Genau wie schon in ihren Briefen fängt er, der Inhaftierte, darin eine Reihe von Momenten ein, die ihn zum Staunen bringen. Die Verse, die Dietrich als Geschenk aus dem Kellergefängnis in der Prinz-Albrecht-Straße 8 in Berlin schickt, heißen: »Von guten Mächten wunderbar geborgen«.[7]

Gibt es diese guten Mächte? Auch wenn sie oft in unserer Welt nicht zu sehen sind? Ich glaube daran. Ich will daran glauben. Und ich bin davon fasziniert, welchen Mut der Pastor und seine junge Verlobte gezeigt haben im Glauben daran, dass nicht unsere Bequemlichkeit und unsere Unversehrtheit das Entscheidende auf der Welt sind. Sie waren bereit, zu lieben, mit allen Konsequenzen, die das haben mochte. Ihr Land. Ihre Mitmenschen. Sich gegenseitig.

Dietrich Bonhoeffer gelang es in seiner einsamen Zelle, sich das Staunen zu bewahren. Er schrieb:

---

7 *Brautbriefe*, S. 208–210.

Von guten Mächten wunderbar geborgen
erwarten wir getrost, was kommen mag.
Gott ist bei uns am Abend und am Morgen,
und ganz gewiss an jedem neuen Tag.

Die Träume der Fruchtfliegen

Als Lena und ich heirateten, hatten wir kein Geld für eine Hochzeitsreise. Kurz vor der Hochzeit brachte Aldi eine Sonderausgabe meiner Romane »Die Brillenmacherin« und »Die Todgeweihte« heraus – und wir waren plötzlich flüssig. Eine Hochzeitsreise gibt's nur einmal, dachte ich mir und buchte überglücklich einen Flug auf die Seychellen.

Dort gingen wir mit Schnorchel und Flossen »unter Wasser spazieren«, zeigten uns bunte Papageifische, Rochen, einen Katzenhai. Einmal, als ich einer großen Wasserschildkröte folgte, wendete sie sich mir zu und sah mich an, Auge in Auge schwammen wir und betrachteten uns schweigend.

Zurück an Land, erkundeten Lena und ich die Insel, Praslin. Nicht alles, was bei uns in

Deutschland klein ist, ist auch auf den Seychellen klein. Lena fand das mit Schrecken heraus. Sie schwang sich wie Tarzans Jane mit einer Liane durch den Wald. Plötzlich, mitten im Flug, ließ sie die Liane mit einem lauten Schrei los und sprang zu Boden, gerade noch rechtzeitig, bevor sie in ein mehrere Meter breites Spinnennetz geflogen wäre, in dessen Mitte eine handgroße Spinne mit gelb-schwarzen Beinen hockte.

Andere Tiere sind kleiner als bei uns. Der Gardiner-Seychellenfrosch misst nur einen Zentimeter. Und er quakt, obwohl er kein Mittelohr besitzt, also theoretisch gar nichts hören kann. Welchen Sinn hat das? Normalerweise quaken Frösche, um die Aufmerksamkeit der Weibchen zu wecken und Konkurrenten zu vertreiben. Auch wenn die Frösche kein Außenohr besitzen, haben sie für gewöhnlich doch ein Mittelohr und können gut hören. Nicht aber der Gardiner-Seychellenfrosch. Wieso quakt er also?

Forscher um Renaud Boistel wollten das Rätsel lösen und spielten den Fröschen Tonauf-

nahmen quakender Artgenossen vor. Die Frösche reagierten darauf. Also hörten sie doch?
Ohne Ohr? Zur Probe spielten die Forscher
ihnen das Gequake artfremder Frösche vor,
was die Gardinerfrösche ignorierten. Damit
war klar, dass sie hören können.

Renaud Boistel und seine Kollegen entdeckten mittels Röntgenaufnahmen, dass die winzigen Frösche mithilfe ihrer Mundhöhle hören.
Dort werden die Geräusche verstärkt und über
die Knochen an das winzige Innenohr weiter-
geleitet, das sonst keine Verbindung nach
außen hätte. Eines der kleinsten Wirbeltiere
der Welt – und es hört mit dem Mund.

Unsere Verachtung der kleinen Dinge ver-
führt uns dazu, sie zu unterschätzen und zu
übersehen. Dabei sind sie höchst erstaunlich.
Fruchtfliegen beispielsweise, die uns in der
Küche stören: Sind sie gefühllose, dumme
Lebewesen, die nur ihr genetisch fixiertes Pro-
gramm absolvieren? Eine Art Bioroboter?

Sie besitzen bloß vier Chromosomen, und
innerhalb von 14 Tagen werden sie erwach-

sen. Aber sie sind uns ähnlicher, als wir meinen. Wenn eine Fruchtfliege regungslos auf dem Obstteller sitzt, kann es gut sein, dass sie gerade schläft und möglicherweise sogar träumt. Fruchtfliegen haben nachweislich Ruhephasen, in denen sie auf die Umwelt nicht reagieren. Wie lange sie schlafen, hängt davon ab, wie viel sie zuletzt erlebt haben. Indrani Ganguly-Fitzgerald vom Institut für Neurowissenschaften in San Diego fing frisch aus der Verpuppung geschlüpfte Fruchtfliegen ein. Vierundzwanzig von ihnen gab sie in reiche soziale Umgebungen mit mindestens dreißig weiteren Fruchtfliegen und stellte fest, dass sie doppelt so viel schliefen wie einzeln lebende Fliegen, die zur gleichen Zeit erwachsen geworden waren. Die Fliegen mit vielen Freunden machten tagsüber Nickerchen mit der Dauer einer ganzen Stunde, während die Einzelgänger nur fünfzehn Minuten Mittagsschlaf hielten. (Ich kann das nachvollziehen, ich bin auch müde, wenn ich unter vielen Menschen war.)

Als man ihr Gehirn untersuchte, fand man heraus, dass die Fruchtfliegen in sozial reicher Umgebung deutlich mehr lernten als die Einzelgänger. Der Schlaf ist für Fruchtfliegen also nicht nur die Erholung nach einem langen Tag, er hilft ihnen auch, ihre Erlebnisse in langfristige Erinnerungen umzuwandeln – so wie bei uns Menschen.

Denken Sie daran, wenn Sie das nächste Mal mit dem Küchentuch draufschlagen wollen. Die Fliegen lernen gerade. Oder sie träumen.

Fruchtfliegen strampeln mit den Beinen, während sie schlafen. Forscher nennen das »Rapid Leg Movement«, analog zum »Rapid Eye Movement« (REM), das anzeigt, dass ein Mensch träumt.

Die meisten Tiere können träumen, warum nicht auch Fruchtfliegen? Bei Ratten beobachteten Wissenschaftler ein Hirnstrommuster in der REM-Schlafphase, das genau dem entsprach, das die Nager tagsüber sonst beim Fressen gezeigt hatten. Die Tiere träumten vom Futtern.

Wenn junge Zebrafinken ein Lied lernen, zeigen die Nervenzellen nachts ein Muster, das unverwechselbar für dieses Lied ist. Die Finken träumen vom Singen.

Eine innere Uhr passt unseren Körper dem Tag- und Nachtrhythmus an. Sie lässt uns müde werden und weckt uns am Morgen wieder. Jeffrey C. Hall, Michael Rosbash und Michael W. Young haben diese innere Uhr erforscht und wurden mit dem Nobelpreis dafür ausgezeichnet. Sie untersuchten aber keine Menschen, sondern – Sie ahnen es – kleine Fruchtfliegen! Ihr Körper passt sich an die unterschiedlichen Tagesphasen an, so wie unserer.

Die innere Uhr steuert unser Hormonlevel, unseren Schlaf, unsere Körpertemperatur und unseren Stoffwechsel. Ist sie in einem anderen Rhythmus als unsere Umgebung, zum Beispiel, weil wir bei einem Flug mehrere Zeitzonen überquert haben, erleben wir »Jetlag«. Ich kenne das Phänomen gut, mein Bruder lebt seit fünfzehn Jahren in den USA, und jeder Besuch bei ihm beginnt mit »Zombietagen«.

Bei den Fruchtfliegen entdeckten die Wissenschaftler ein Protein, das sich nachts in den Zellen ansammelt und tagsüber abgebaut wird. Sie konnten so nachweisen, dass ihre Körperzellen ein sich selbst erhaltendes Uhrwerk besitzen.

Auch Pflanzen kennen dieses innere Uhrwerk. Die Mimosen öffnen tagsüber ihre Blätter und strecken sie der Sonne hin, nachts schließen sie diese. Stellt man eine Mimose in die Dunkelheit, bleibt sie dem Rhythmus treu, sie öffnet und schließt die Blätter im Takt der Tage.

Fruchtfliegen kennen Erschöpfung, Müdigkeit, Schlaf. Junge Fliegen brauchen mehr Schlaf als ältere Fliegen. Und wenn man Fliegen eine Nacht lang daran hindert, zu schlafen, versuchen sie, am nächsten Tag mehr zu schlafen, ein Phänomen, das uns aus unserem Leben bekannt ist. Ich habe die Fruchtfliegen unterschätzt.

Das Erwachsenenleben einer Fruchtfliege dauert genauso lang wie das einer Stubenfliege: zwei bis vier Wochen. Und sie sind kleine

Säufer. Die meiste Zeit ihres Lebens sind sie betrunken, denn sie leben von vergärenden Stellen im Obst. Besonders lieben sie Bananen. Zur Paarung tanzen die Männchen in Reihen vor den Weibchen. Die Weibchen legen anschließend ihre Eier auf das Obststückchen, das als Tanzfläche diente.

Fruchtfliegen sind ein lästiger Teil unseres Alltags. Jeder von uns hat schon mit der Hand über dem Obst gewedelt, um sie zu verscheuchen, oder den Biomüll rausgebracht, um die Fliegen aus der Küche zu verbannen.

Wie ist es möglich, dass ich über die Welt der Fruchtfliegen nichts weiß? Und wenn ich in diesem winzigen Bereich so viel übersehe – dass sie träumen, dass sie lernen so wie wir, dass sie erwachsen werden –, wie viel übersehe ich in den Millionen anderen Bereichen des Lebens?

Unser Pragmatismus hat uns die Neugier abschalten lassen. Antworten sind in Fülle da, immer verfügbar, 24 Stunden am Tag. Aber in uns schwinden die Fragen. Wir sind kaum noch an den Dingen interessiert, wir bohren nicht mehr nach: Warum ist das so?

Man füttert Seidenraupen mit Maulbeerblättern, und sie spinnen einen Faden, drei Kilometer aus feiner Seide! Wer staunt darüber? Wir tragen einen Seidenschal und kümmern uns nicht weiter darum.

Ein Fliegenpilz wird hundert Jahre alt – ein stilles Geschöpf am Waldboden, das auf dieser Welt länger ausharrt als die meisten von uns. Wen interessiert das?

Schnecken verschließen vor dem Winter ihr Gehäuse mit einer Kalkwand. Dass es auf dieser Welt Weichtiere gibt, die ihre Türen fest verschließen, wenn es Winter wird! Kleinere Risse oder Löcher im Gehäuse kann eine Schnecke ohne Probleme selbst reparieren. Schnecken haben auch Nieren, so wie wir, und produzieren Harn, obwohl ich zugeben muss, dass ich noch nie eine Schnecke pinkeln gesehen habe. Offiziell tun sie's.

Und sie haben einen Heimkehrimpuls. Wer Schnecken im hohen Bogen aus dem Garten wirft, wird sie bald wieder bei sich finden, denn sie unterscheiden Heimat und Fremde, und wenn der Weg nicht zu weit ist, kehren sie in die Heimat zurück. Erst ab einer Entfernung von zwanzig Metern, fanden britische Forscher um David Dunstan von der University of London heraus, bleiben sie in der neuen Gegend.

Für die Studie wurden in einem Vorstadtgarten, der von einer Schneckenplage heimgesucht wurde, 416 Schnecken durch Farbflecken auf ihren Häuschen markiert und dann unterschiedlich weit vom Garten weggebracht und ausgesetzt. Die Rückkehrer unter ihnen bekamen einen weiteren Punkt auf das Haus. Sechs Monate lang beobachteten die Wissenschaftler das Verhalten der einzelnen Tiere.

Ich hätte gern die Geduld dieser Forscher. Und die der Schnecken.

Ich hätte gern den Stolz der Katzen. Die Frechheit des Flohs. Ich will mich wieder faszinieren lassen vom Leben. Ich will ein hungriger Leser der Welt sein, will sie mit allen Sinnen lesen und meinen Verstand weit öffnen für

Länder, Bücher, Städte und genauso für den vermeintlichen Alltag. Ich glaube, wenn ich genau hinsehe, verschwindet er wie ein Nebel, der sich auflöst, und dahinter erscheinen erstaunliche Geheimnisse.

Antoni van Leeuwenhoek war als Tuchhändler so erfolgreich, dass er finanziell abgesichert war und es sich leisten konnte, Zeit in die Entwicklung eines neuen Mikroskops zu investieren. Das damals bekannte Mikroskop lieferte nur ungenaue Ergebnisse. Mit einer neuen Methode, deren Geheimnis er mit ins Grab nahm, stellte van Leeuwenhoek Linsen her, die ihm 270-fache Vergrößerungen und eine scharfe Auflösung erlaubten. Manche vermuten, er habe beim Glasbrennen einen hauchdünnen Faden gezogen, dessen Spitze abgetrennt und sie erneut gebrannt, um ein winziges Glaskügelchen zu erzeugen. Das Kügelchen befestigte er zwischen zwei Messingplatten. Mit einer Pinzette klemmte er die Objekte vor diese Linse. Sein »Mikroskop« waren also zwei

Messingplatten, die man sich dicht vor das Auge halten musste. Aber es half ihm dabei, einen Mikrokosmos zu entdecken, den bis dahin noch kein Mensch zu Gesicht bekommen hatte.

Andere Naturforscher zu seiner Zeit kehrten mit ihren Schiffen mit Muschelsammlungen, Muskat, Gürteltieren und Wapitiknochen aus Ostindien und von den Westindischen Inseln zurück. Er ging nur zum Tümpel um die Ecke. Aber was er auf seiner Expedition entdeckte, war kaum weniger exotisch. Es war bahnbrechend, und es zeigt, wie blind wir oft an den Wundern vorübergehen, die sich in dem verbergen, das wir müde »Alltag« nennen.

Die Wissenschaft fand damals in Latein statt. Da er nie studiert hatte, beherrschte van Leeuwenhoek kein Latein. Aber er besaß eine unstillbare Neugier, alles zu beobachten und zu ergründen, was er unter seine Linse halten konnte, und beschrieb es anschließend mit Sorgfalt. Zeichnen konnte er nicht besonders gut, also heuerte er einen Illustrator an, der die beobachteten Objekte und Lebewesen für ihn

zeichnete, um seine Niederschriften zu ergän-
zen.

1673, als er bereits 41 Jahre alt war, brachte
ihn Reiner de Graf, ein niederländischer Arzt
und Anatom, mit der Royal Society of London
in Kontakt, und van Leeuwenhoek begann,
Briefe an die dortigen Wissenschaftler zu
schreiben. Er schrieb ihnen, was er durch sein
Mikroskop gesehen hatte. Am 25. Dezember
1702 beispielsweise beschrieb er das Wimper-
tierchen Vorticella, ein Glockentierchen, das
sich von Bakterien ernährt: »Geformt sind diese kleinen Tiere wie eine Glocke, und an der
runden Öffnung rudern sie und sorgen für
einen solchen Wirbel, dass die Partikel im um-
gebenden Wasser in Bewegung versetzt werden … Obwohl ich bereits gute zwanzig dieser
kleinen Tiere an ihren langen Schwänzen sich
nebeneinander sanft bewegen gesehen habe,
mit ausgestrecktem Körper und geradem
Schwanz, haben sie sich doch plötzlich, wie sie
waren, zusammengezogen, ihre Körper und
ihre Schwänze, und kaum hatten sie ihre

Körper und Schwänze gekrümmt, als sie die Schwänze auch schon wieder gemütlich ausstreckten und für einige Zeit ihre sanfte Bewegung vollführten: ein Anblick, den ich sehr unterhaltsam fand.«[8]

Man begann, seine Entdeckungen in London kontrovers zu diskutieren, man staunte. Er beschrieb tierisches Gewebe und Pflanzen, mineralische Kristalle und Fossilien. Er war der erste Mensch, der Foraminifera sah, gepanzerte Einzeller.

Er konnte nachweisen, wie rote Blutkörperchen durch die Kapillaren fließen. 1674 beschrieb er die roten Blutkörperchen genauer. 1675 entdeckte er eine Reihe von Bakterien und beschrieb drei Arten von ihnen genauer: Bazillen, Kokken und Spirillen. 1677 entdeckte er die Spermazellen und wies nach, dass es sie auch bei Insekten gibt.

---

8 Brief vom 25. Dezember 1702 an die Royal Society in London, zitiert nach: L.C. Palm (Hrsg.): *The Collected Letters of Antoni van Leeuwenhoek,* Volume XIV: 1701–1704, CRC Press, Leiden 1996, S. 163 [Übersetzung vom Autor].

Er entdeckte Rädertierchen und Fadenwürmer. Bald wurden seine Briefe in andere Sprachen übersetzt und veröffentlicht. 1680 schließlich wurde er selbst Mitglied der Royal Society, als Genosse von wissenschaftlichen Größen wie Robert Hooke, Christopher Wren und Robert Boyle. Er bekam Besuch von bedeutenden Persönlichkeiten wie Zar Peter dem Großen, dem er die Blutzirkulation in den Kapillaren eines Aals zeigte, oder Gottfried Wilhelm Leibniz und der britischen Königin Anne.

Seine Beobachtungen führte er fort bis zu den letzten Tagen seines Lebens. Im Alter von 90 Jahren starb er in Delft. Das Geheimnis seiner Mikroskope nahm er mit ins Grab. Es dauerte fast 250 Jahre, ehe erneut Mikroskope mit solcher Auflösung gebaut werden konnten.

Und noch heute können uns diese Tauchfahrten in die kleinen Dimensionen des Lebens faszinieren. Sie zeigen die Schönheit des Lebens in einem Bereich, in den selten jemand schaut.

Züchter tropischer Fische

: Eine Werbebotschaft flimmert über den Großbildschirm. In Sekundenbruchteilen erhascht unser Blick einen Teil der Überschrift. Dann sind wir vorbeigefahren. Um was ging es überhaupt?

Viele wollen unsere Aufmerksamkeit. Bunt, bunter, grell – so leuchten die Verpackungen im Regal. Das Angebot ist oftmals unüberschaubar. So viele Möglichkeiten, die sich uns bieten. Auf der Straße werden wir angesprochen, wir sollen uns anmelden, etwas spenden, Neues ausprobieren. Markante Behauptungen werden geäußert, unnachgiebig und fordernd. Die Botschaft lautet: Greift zu, sonst verpasst ihr etwas!

Aber Lautstärke ist nicht per se etwas Verwerfliches. Passion hat ihren eigenen Zauber.

Der Autor China Miéville kauft sich Zeitschriften, von denen er kein Wort versteht – nur um sich von der Leidenschaft der Modelleisenbahnfans oder der Züchter tropischer Fische anstecken zu lassen. Ihn begeistert, wie sehr die Macher und die Leser dieser Zeitschriften ihr Interessensgebiet lieben. Diese tief gehende Motivation, die uns dazu bringt, voller Freude von etwas zu erzählen, lässt etwas aufblitzen, das an uns Menschen fasziniert: eine Mischung aus Neugier und Hingabe und verspielter Leidenschaft, die nicht auf einen Nutzen ausgerichtet ist, sondern sich mit glänzenden Augen dem gewählten Thema widmet.

Bei David Foster Wallace lese ich 150 Seiten über Tennis, und es ist ein Vergnügen, auch wenn ich nicht alles verstehe – einfach seiner Begeisterung wegen, die mich ansteckt. »Tennis erfordert Körperbeherrschung, Feinmotorik, hochgetourtes Tempo, Ausdauer und diese seltsame Mischung aus Bedachtsamkeit und Ungehemmtheit, die wir Mut nennen. Und Tennis erfordert Köpfchen. In einem hochkarätigen Match ist jeder einzelne Ballwechsel zu jedem beliebigen Zeitpunkt ein Albtraum mechanischer Variablen. Angenommen, das Netz ist (in der Mitte) 91,5 cm hoch und die Spieler stehen (kontrafaktisch) an festen Positionen, dann hängt die Effektivität eines Schlags von Winkel, Tiefe, Tempo und Spin ab.«[9] Ja! Und wir Menschen können das! Einige um Längen besser als andere. Und wenn David Foster Wallace in der Folge einige Tennisprofis beschreibt und ihr sportliches Können auf dem Platz, ist es ein Vergnügen.

Der Besuch in einem Laden, in dem der Eigentümer und die Angestellten eine Leidenschaft mit den Kunden teilen, ist etwas Besonderes. Ein Musikalbum, ein Buch oder ein neues Spiel empfohlen zu bekommen, das die Empfehlenden selbst lieben, bereitet ein größeres Vergnügen, als dasselbe infolge einer algorithmischen

---

9   David Foster Wallace: *Der Spaß an der Sache. Alle Essays.*
    Herausgegeben von Ulrich Blumenbach.
    Kiepenhauer & Witsch, Köln 2018, S. 79f.

Berechnung von einer Website angezeigt zu bekommen. Ich habe solche Leidenschaft in Buchhandlungen erlebt genauso wie in spezialisierten Lebensmittelläden. Auch in den großen Ketten kommt sie vor: Als ich kürzlich ein neues Murmelbahnsystem für Jona zu Weihnachten kaufen wollte, riet mir die Spielwarenverkäuferin bei »Müller« von einem Erweiterungspaket ab, einem Trampolin mit Netz, das ihr Kind sehr frustriert habe und das sie selbst auch nach stundenlangen Versuchen nicht zum Funktionieren gebracht habe. Aber sie warb mit einer herrlichen, ansteckenden Leidenschaft für andere Erweiterungen, die sie mit ihrer Tochter gemeinsam mit viel Freude aufgebaut habe. Als ich sie kaufte, blinzelten wir uns wie Verschwörer zu, die sich die Freude der Kinder zum Ziel gesetzt haben.

Wir wollen heute alles strikt getrennt haben, Arbeit und Freizeit, Pflicht und Leben. Aber damit geht uns die Schönheit verloren, die auch in der Arbeit stecken kann, weil wir sie allzu schnell als »muss eben sein« abqualifizieren.

Die Verkäuferin, die ich in der Spielwaren-abteilung erlebte, hatte Freude an ihrer Arbeit, sie lud sie mit Bedeutung auf, weil es ihr nicht gleichgültig war, ob ein Kind an einem Spiel-zeug verzweifelt oder ob es mit Genuss und Begeisterung spielt.

Ähnliche Leidenschaft kann man für das Lesen empfinden. Der Schriftsteller Thomas Bernhard soll einmal durch halb Österreich gefahren sein, um eine bestimmte Ausgabe der *Neuen Zürcher Zeitung* zu kaufen, die er wegen eines Artikels über Mozarts Zaide unbedingt lesen wollte.

Weil es die *NZZ* in seinem Heimatort nicht gab, fuhr er 80 Kilometer nach Salzburg, aber auch dort erhielt er sie nicht. Also setzte er sich wieder ins Auto und fuhr weiter nach Bad Reichenhall, nur um die *NZZ* auch hier nicht vorzufinden. Seine Leidenschaft trug ihn wei-ter, bis er schließlich 350 Kilometer gefahren war und die Tageszeitung ergattert hatte (so erzählt er es in *Wittgensteins Neffe*).

Uns steht die ganze Welt offen. Wir haben Zugang zu Universitäten und Bibliotheken, können in jeden Winkel der Erde reisen, Vorträgen von Fachleuten lauschen und uns mit Gleichgesinnten austauschen, egal, wo sie wohnen. Das ging in keinem anderen Zeitalter der Welt so leicht wie heute, und wenn es früher doch möglich war, dann standen diese Wege oft nur den Koryphäen zur Verfügung. Unsere Möglichkeiten wären der Traum vieler Menschen gewesen, die in den Jahrtausenden vor uns lebten.

Wenn ich meinen Verstand, mein Herz, meine Fantasie nicht gebrauche, dann sterben sie ab, dann werde ich dümmer, herzloser, fantasieloser. Und bin irgendwann so abgeschlafft, dass ich nur noch vor dem Fernseher sitzen kann. Ich bin dann kleiner, als ich eigentlich wäre. Bin mir selbst entfremdet.

Die Allensbacher Markt- und Werbeträgeranalyse 2019 brachte zutage, dass 37 Prozent der Befragten das Lesen längerer Texte in gedruckter Form als »anstrengend« empfinden

(2013 waren es nur 22 Prozent). Sieht man sich die vergangenen zwei Jahrzehnte an, ist deutlich zu erkennen, dass das regelmäßige Lesen von Büchern zurückgeht. Heutzutage kommen 42 Prozent der Deutschen »nicht jeden Monat« dazu, ein Buch zu lesen (1999 waren es 31 Prozent, 2009: 34 Prozent, 2017: 39 Prozent – die traurige Zahl wächst immer weiter). Dabei sagen gleichzeitig die Befragten, sie würden gern mehr lesen.

Warum verlernen wir es, Zeit fürs Lesen zu beschützen?

Als mein Sohn Jona zwei Jahre alt war, setzte ich ihn morgens meist in die Badewanne, während ich duschte. Einmal hatte er keine Lust zu baden. Also schleppte ich ihm einen Stapel Bilderbücher ins Badezimmer, fing mit ihm das erste an und sagte, er solle weiterblättern, während ich unter der Dusche sei.

Was tat Jona? Er hockte die ganze Zeit da und wartete. Er öffnete nicht eine einzige weitere Klappe im Bilderbuch, sondern hielt geduldig aus, bis ich geduscht, abgetrocknet und angezogen war. Dann rief er »Papa« und zeigte aufs Buch, und wir sahen es uns gemeinsam zu Ende an. Ist ja klar: Bei einem spannenden Film hält man die DVD auch an, solange einer der Zuschauer draußen ist. Jona konnte nicht ertragen, dass ich etwas vom Bilderbuch verpasse.

Ist es nicht wunderbar, dass wir schreiben können? Wir halten fest, was uns durch den Kopf geschossen ist. (Oder was wir nach langem Abwägen erkannt haben.) Eine herrliche Fähigkeit. Die Welt wäre sonst so flüchtig.

Ich werde nie das erste Buch vergessen, das ich mir vom eigenen Geld kaufte: *Wolfsblut* von Jack London. Es kostete 10 Mark als Hardcover in einer Sonderausgabe. Viele, viele Bücher sind diesem ersten gefolgt. Und sie machen mein Leben farbiger, schenken Versenkung und Ruhe und Konzentration, ermutigen, öffnen mir Horizonte. Sie duften, wie es nur frisch bedrucktes Papier kann. Sie sind Gefährten und Beschützer, fliegender Teppich und Zeitreisemaschine.

Wecken wir die Neugier wieder in uns! »Ich habe keine besondere Begabung«, erklärte Albert Einstein. »Ich bin nur besonders neugierig.«

Kinder sind so gut darin, zu staunen, weil sie alles zum ersten Mal erleben. Wie oft fragen unsere Jungs am Tisch: »Was ist das?«, und: »Darf ich das mal kosten?« Und dann beobachte ich gespannt ihr Gesicht, während sie zum ersten Mal Bismarckhering essen oder Pomelo oder Rote Bete. Beginnt eine Liebe fürs Leben, so wie beim Geschmack einer frisch vom Strauch gepflückten Himbeere, die im Mund zergeht? Oder ist es eine Erfahrung, die sie erst mal für einige Jahre nicht wiederholen wollen?

Auch für mich als Erwachsenen gibt es genügend erste Male auf der Welt, genügend Tiere und Pflanzen, die ich nicht oder nur oberflächlich kenne, Speisen, die ich noch nie gegessen habe, Menschen, denen ich noch nicht begegnet bin. Ich muss nur die Neugier pflegen und offen bleiben.

Im 19. Jahrhundert war es üblich, in allen Künsten Liebhaber zu sein und in der guten alten Bedeutung des Wortes zu dilettieren, also sich auszuprobieren. Das Wort Dilettant hatte keinerlei negativen Beigeschmack, es hieß nur, dass man nicht hauptberuflich Künstler war. Heute empfinden wir einen Dilettanten als Stümper – was viel über unsere Zeit aussagt: Nur die Besten werden von uns umschmeichelt. Hat jemand einfach Freude am künstlerischen Ausdruck, ohne sich nach oben zu kämpfen, belächeln wir ihn.

Das Wort Dilettant geht auf das italienische *dilettare* zurück, »lieben«, »erfreuen«. Das wiederum hat das lateinische Stammwort *lactare*, was »locken, ködern, bestricken« bedeutet. Ein Kunstliebhaber zu sein, sich von Musik, Malerei oder Worten »bestricken« zu lassen und sich selbst darin auszuprobieren, das war eine erfüllende, schöne Sache. Ein Dilettant war ein Liebhaber einer Kunst oder Wissenschaft, der sich zum Vergnügen damit beschäftigte. Man spielte sich gegenseitig Musikstücke vor. Man malte gemeinsam, zeigte sich seine Bilder, gesellig, zwanglos, neugierig vergnügt. Man beobachtete die Sterne durch ein Teleskop, sammelte seltene Pflanzen, beobachtete Vögel.

Oft stellte sich heraus, dass jemand mehr als nur ein Talent hatte. So zum Beispiel Ernst Theodor Amadeus Hoffmann. Seine Eltern wollten, dass er Jurist wird. Eigentlich aber liebte er die Musik. Nebenbei malte und zeichnete er für sein Leben gern. Er folgte zwar dem Wunsch der Familie und arbeitete als Jurist, seine Seele aber fütterte er mit regelmäßiger Hausmusik. Er begann sogar, selbst Stücke zu komponieren, und verschickte sie als Bewerbung um Kapell-meisterstellen in ganz Deutschland. Tatsächlich erhielt er eine Stelle an einem Theater und konn-te seine erste Liebe, die Musik, zum Beruf ma-chen. Allerdings endete damit das Dilettieren, jetzt stand er unter Erfolgsdruck. Er forderte sich alles ab und verglich sich mit Komponisten wie Mozart oder Beethoven. Dass seine Musik-stücke nur mittelmäßig ankamen, quälte ihn. Wirklich frei und entspannt war er nur bei einer weiteren dilettantischen Beschäftigung, die ihn schon viele Jahre begleitete: Er schrieb Geschichten. Als er begann, sie zu veröffentlichen, lösten sie überall Begeisterung aus.

Die Kapellmeisterstelle musste er aufgeben. Er kehrte in seinen Brotberuf als Jurist zurück. Während der Gerichtsverhandlungen schrieb er an seinen Geschichten weiter. Und sie waren es, die ihn berühmt machten. Nicht die Musik, in die er sich zunehmend verbissen hatte, sondern das Dilettieren, das leichte, fröhliche Sich-Ausprobieren im Schreiben. E.T.A. Hoffmans Biograf Rüdiger Safranski geht davon aus, dass es diese Leichtigkeit war, die seinen Erfolg als Autor und seine enorme Produktivität begründete. Er erwartete als Literat weniger von sich, er sah sich als Musiker.

In meiner Kindheit saß ich oft im Gottesdienst und zeichnete. Ich sah mir die Topfpflanze auf der Bühne an, die Heizungsrohre oder das Podium mit dem Kreuz und versuchte, sie aufs Papier zu bringen. Später, als Teenager, zeichnete ich im Gottesdienst für die kleineren Kinder, sie wussten das schon und kamen und wollten bei mir sitzen und äußerten flüsternd ihre Wünsche: »Eine Ritterburg! Ein Schiff!«

Als ich größer wurde, hörte ich auf zu zeichnen. Vielen von uns wird es so gegangen sein. In der Schule wird das Zeichnen plötzlich mit Noten bewertet. Wir vergleichen uns, und bald kristallisiert sich heraus, dass ein Junge oder ein Mädchen (bei uns war es ein Junge) um Längen besser zeichnet als wir anderen. Wir selbst sind vielleicht im Mittelfeld, was nie Bewunderung einbringt, und in diesem Alter ist uns wichtig, ob wir etwas gut können, ob wir in Ordnung sind, so wie wir sind, wir stecken in einer Identitätskrise, und während das Zeichnen zu einer Pflichtübung wird, ist das Fach Kunst in den Augen des Schulsystems eher unbedeutend. Es bleibt wenig übrig vom herrlichen künstlerischen Ausdruck.

Zudem verlieren wir die Muße, genau zu beobachten. Das Leben wird hektischer. Wir wollen uns beweisen und etwas erleben, das ist uns jetzt wichtiger.

Unsere zarten, innerlichen Sehnsüchte verbergen wir, weil wir uns, wenn wir malen, musizieren oder schreiben, so analphabetisch fühlen und uns das Dilettieren peinlich ist. Sobald wir einen künstlerischen Impuls verspüren, bekommen wir Angst, und eine innere Stimme faltet uns zusammen: »Was glaubst du eigentlich, wer du bist?« So bleibt es bis ins Erwachsenenleben.

Viele halten sich auch für einfallslos. Dabei reicht ein Blick auf die Nacht, um uns eines Besseren zu belehren: Traumforscher wissen inzwischen, dass jeder träumt, und zwar jede Nacht mindestens zwei Stunden. Wir haben nur eine unterschiedlich ausgeprägte Fähigkeit, uns daran zu erinnern. Auf das Leben gerechnet, spinnt unser Gehirn sechs Jahre Geschichten. Auch das Gehirn von Leuten, die sich selbst für fantasielos halten!

Wenn man kleine Kinder beobachtet, sieht man deutlich: Wir sind schöpferisch gemacht. Wer lebt, ist kreativ. Früher war das in der Gesellschaft mehr verbreitet als heute, man schuf selbst Möbelstücke, nähte Kleider, baute Musikinstrumente, komponierte, strickte Socken und Mützen und schrieb schöne Briefe.

Heute sind wir kaum noch am Entstehungsprozess von Dingen beteiligt, das meiste haben die Maschinen übernommen. Wir glauben inzwischen, Kreativität sei etwas für die wenigen Auserwählten.

Ist es vielleicht an der Zeit, eine neue Sprache zu lernen? Ein neues Musikinstrument auszuprobieren? Sich dem Schachspiel zu widmen, Vogelstimmen, einer neuen Sportart? Eine neue Gegend zu bereisen?

Dafür gibt es kein »zu spät«. Man muss nicht sechzehn sein, um ein neues Talent in sich zu entdecken und es zu pflegen, bis es stark wird.

Raymond Chandler arbeitete zunächst im britischen Marineministerium, dann als Aushilfslehrer, als Journalist und nach der Rückkehr in die Vereinigten Staaten auf einer Aprikosenplantage sowie in einer Firma für Sportartikel. Schließlich heuerte er als Buchhalter in einer Molkerei an. Nach dem Ersten

Weltkrieg fand er eine lukrative Stelle als Geschäftsführer einer Ölgesellschaft. Schon lange hatte er den Wunsch verspürt, zu schreiben. Als er seinen Job verlor, war er 45 Jahre alt. Er atmete tief durch und beschloss, es zu versuchen.

Chandler belegte einen Schreibkurs für Anfänger, erledigte die Hausaufgaben, wurde benotet. Man gab ihm auf, ein Genre einzuüben, das Schuljungen gerne lasen: die Pulp-Fiction. Am 12. August 1933 schrieb er einem Bekannten über seine ersten Versuche: »Du wirst lachen, wenn ich dir sage, was ich schreibe. Ich mit meiner romantischen und poetischen Ader. Ich schreibe Kriminalgeschichten.«

Ein Jahr lang arbeitete er an seiner ersten, »Erpresser schießen nicht«. Als sie ihm gut genug erschien, bot er sie einer Zeitschrift an – und sie wurde gedruckt. Bald merkte er, dass sich Geld verdienen ließ mit den Geschichten über Detektive oder Spione. Er schrieb weiter, verkaufte die Kurzgeschichten an verschiedene Zeitschriften und übte sich nach und nach im Handwerk des Schreibens.

Dann wagte er sich an den ersten Roman heran. 1939 erschien *The Big Sleep* (im Deutschen *Tote schlafen fest*) und wurde ein großer Erfolg. Der Roman wurde verfilmt, und Raymond Chandler schrieb zahlreiche weitere, außerdem Drehbücher für Hollywood, von denen mehrere für den Oscar nominiert wurden.

Ein Mann, der erst mit 45 einen Anfängerkurs belegt hatte. Seinen Weg kennen wir, weil er vom Dilettanten zum Berufsautor wurde. Tausende andere blieben beim Freizeitschreiben, und das ist in Ordnung, solange sie schreiben!

Georgia O'Keeffe, eine amerikanische Malerin, schrieb in den 1960er-Jahren in einem Brief an ihre Freundin, die Fotografin Anita Pollitzer, sie halte nicht viel von unserem ständigen Versuch, glücklich zu sein. Das Glücksempfinden sei zu flüchtig. »Aber ich war immer beschäftigt und an Dingen interessiert.«

Dieses »Interesse an den Dingen« macht uns aktiv und bringt uns dazu, uns staunend einer Kunst, einer Wissenschaft, einem neuen Thema zu widmen. Und damit ist es, ohne dass es das bezweckt hätte, doch ein Weg zum Glück. Die Erkenntnisse des Glücksforschers Martin Seligman weisen zumindest in diese Richtung. Ihm ging es nicht um kurzfristige, rasche Anflüge von Glücksempfinden, wie man sie beim Essen einer Tafel Schokolade oder bei einer Schultermassage empfindet. Stattdessen untersuchte er das dauerhafte Zufriedenheitsniveau und fragte sich, warum manche Menschen glücklicher sind und andere weniger glücklich. Seine Erkenntnis: Unser Glücksempfinden ist zu 50 % genetisch bedingt. Als hätten wir einen Sollwert in uns gespeichert, zu dem wir immer zurückkehren. Ob wir nun im Lotto gewonnen haben oder gefeuert wurden, einige Monate später ist ein grummeliger Mensch wieder grummelig und eine Frohnatur wieder froh, so wie zuvor. Heißt das, wir haben keinerlei Einfluss darauf, wie es uns geht?

O nein! Seine Forschungen ergaben, dass unser Einfluss größer ist als gedacht. Man könnte meinen, gutes Aussehen, sozialer Status, Gesundheit, Alter, Bankkonto und so weiter würden die restlichen 50 % ausmachen, aber sie sind nur für etwa 10 % unseres Glücksempfindens zuständig. Die bewussten Aktivitäten überbieten sie bei Weitem: 40 % haben wir selbst in der Hand.

Dazu zählt, was ich über meine Vergangenheit denke: Kann ich Fehler und Verletzungen verzeihen? Kann ich dankbar sein für Gutes und stolz auf Erreichtes? Und was denke ich über meine Zukunft, bin ich konstruktiv, habe ich Hoffnungen, will ich etwas erreichen? Vor allem aber gehört dazu, ob ich in der Gegenwart »Flow« erlebe: das Eintauchen in ein gutes Gespräch, ein Volleyballspiel, die Hilfe für Bedürftige, ein gutes Buch, einen Tanz. Die Wissenschaft belegt: Wenn ich vor dem Fernseher versumpfe, bin ich in leicht depressiver Stimmung. Wende ich aber meine Stärken an und entwickele sie weiter, werde ich glücklich.

Vielleicht hat Georgia O'Keeffe, die ablehnte, dem Glücklichsein nachzulaufen, versehentlich genau den Weg zum Glück gefunden:

»Aber ich war immer beschäftigt und an Dingen interessiert.«

Nicht nur die Besten der Besten dürfen sich einem Thema widmen und darin aufgehen. Auch wir dürfen das!

Vor allem im Bereich des Kreativen sind wir gehemmt. Ich habe manchmal das Gefühl, dass wir es nur beim Fotografieren noch wagen, uns auch als Dilettanten zu verwirklichen, unsere Persönlichkeit hineinzugeben und genau hinzusehen. Eine Freundin schickte mir diese Woche ein faszinierendes Foto, aufgenommen im ersten Morgendämmerlicht, es steht noch Nebel über den Wiesen, und die Bäume ruhen wie alte Wächter in der unbevölkerten Landschaft.

Ich wünschte, die Kreativität würde vom Fotografieren aus weiterwuchern zum Tanzen, zum Malen, Schreiben, Musizieren. Wir müssen uns nur selbst die Erlaubnis dazu geben. Dieses Glück, wenn man ein neues Gericht ausprobiert hat und es schmeckt. Eine Melodie zu trällern, die einem gefällt und die einem einfach so eingefallen ist. »Die Musik wäscht den

Alltagsstaub von der Seele«, schrieb Berthold Auerbach in seinem Roman *Auf der Höhe*. Und ich glaube, es ist dasselbe mit den anderen Künsten, der Literatur, der Malerei, guten Fotos, Tanz und Schauspiel.

Irgendwann als Erwachsene stellen wir fest: Wir sind nicht nur körperlich müde, sondern auch existenziell. Ist das das Leben, das wir als Jugendlicher führen wollten? Wann hat es angefangen, dass wir die meiste Zeit mit Dingen beschäftigt sind, die uns vom Wesentlichen ablenken?

Kehren wir zurück zum Dilettieren! Es macht uns gesund, und wenn wir die Freude mit anderen teilen, umso mehr: Einsamkeit kann zu Depressionen führen, und ein Mangel an Freunden schwächt die Immunkräfte des Körpers, man wird schneller krank. Wer sich hingegen einer Gruppe anschließt – ob Briefmarkensammler, Slagline-Sportler oder Schachverein –, verlängert sein Leben.

Freunde helfen mir auch, von mir selbst abzusehen und nicht bloß um mich selbst zu kreisen. Wie betriebsblind ich oft bin! Ich meine dann, alles drehe sich nur um die Themen, die mich gerade beschäftigen. Einmal kam ich von der Buchmesse und ging im Frankfurter Hauptbahnhof in die Lounge, weil ich noch Zeit hatte, bis der Zug abfuhr. Viele Anzugträger waren dort. Ich war mir sicher, dass sie alle den Tag auf der Buchmesse verbracht hatten. Weil ich euphorisiert war von den tollen Gesprächen dort und mich mit allen verbrüdert fühlte – schließlich lieben wir Bücher, das verbindet! –, sprach ich den Mann neben mir an. »Waren Sie auch auf der Buchmesse?«

Er guckte verwirrt. Von einer Buchmesse wisse er nichts. »Ich hatte ein Geschäftsmeeting«, sagte er streng.

Ich lachte und gab kleinlaut zu, dass die Messe mich so beeindruckt habe, dass ich glaubte, alle hier wären dort gewesen.

Was ich auf der Messe gemacht habe, fragte er, und ich erklärte ihm, dass ich Autor sei. Da war er verblüfft. »Ein richtiger Autor?«

Plötzlich sah ich den Raum mit neuen Augen. Sie alle hatten andere Dinge im Kopf, meine Welt hatte wenig mit ihrer Welt gemeinsam. Der Geschäftstyp neben mir las womöglich nie Romane. Die vielen Anzugträger in der Lounge hatten ganz eigene Themen, die sie beschäftigten. Von der großartigen, weltbewegenden Buchmesse hatten sie nichts mitbekommen.

Wie oft ist es so? Wie oft denke ich, meine Fragen und Probleme und Freuden seien gebirgshoch aufgetürmt und müssten von allen gesehen werden?

Dass jeder die Welt anders sieht, ist gut. Wir können uns damit beschenken. Uns gegenseitig den Horizont erweitern, den Blick auf Neues lenken und uns anstecken mit einer frischen Neugier auf das Leben.

Wespenpapier

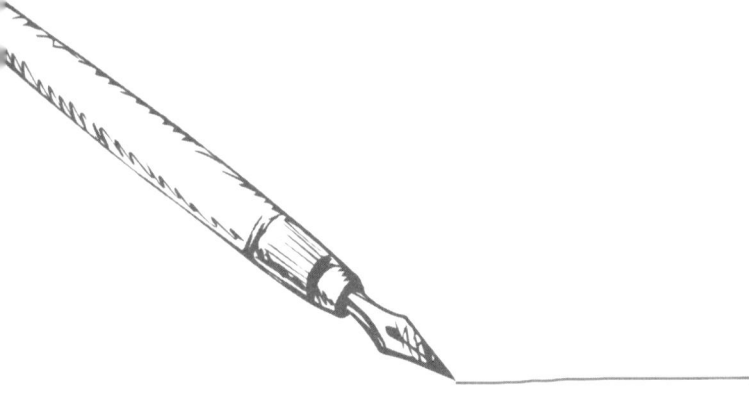

⁝ Am Landshuter Bahnhof wird ein ganzer Häuserblock abgerissen. Der Stahlarm des Baggers zerknackt Balken, seine Schaufelhand reißt Wände ein. Ich sehe in halb zerstörte Zimmer, eine Wand ist rosa gestrichen, irgendwer hat sich da einmal viel Mühe gemacht. Im Bad sind die Wände weiß gefliest, das Bad ist immer noch blitzblank geputzt. Hier wohnten Menschen. Diese Mauern gaben ihnen Schutz vor Regen, Hitze, Schneegestöber. Hier haben sie sich beim Abendbrot gestritten, haben sich versöhnt, haben Geburtstagskerzen ausgeblasen, den Weihnachtsbaum geschmückt, ihrem Kind ein Schlaflied gesungen und ferngesehen. Jemand, der unglücklich verliebt war, hat hier in sein Kopfkissen geweint. Eine Frau hat ihre Katze gefüttert. Ein Kind hat sein erstes Buch gelesen.

Der Bagger schichtet die Balken ordentlich auf. Er regiert über ein Meer von roten Ziegeln, schafft Wogen und Täler. Ein Bauarbeiter steht als kleiner Gehilfe daneben, er hat sich hinter einer Maschine verschanzt, die Wasser pulverisiert und auf die Wand wirft, die der Bagger gerade bearbeitet. Der Geruch von feuchtem Steinmehl und morschen Balken erinnert mich an meine Kindheit. Oft spielte ich in halb verschütteten Luftschutzbunkern. Meine Brüder und ich entdeckten dort rostige Gegenstände, eine kaputte Schreibmaschine, eine Blechdose, manchmal Dinge, die wir nicht identifizieren konnten. Wir fühlten uns wie Schatzsucher, die in ein Schiffswrack hinabtauchen. Später spielte ich in einem leer stehenden alten Haus, das über Jahre nicht abgerissen wurde. Unter meinen Schuhen knirschten Steinmehl und Scherben, und überall gab es Bruchstellen und spannende verborgene Winkel.

Wir erachten Steine als langweilig und banal, dabei formen wir aus Steinen unsere Welt. Die Wände und Böden unserer Wohnungen sind steinern. Bauen wir eine Straße, dann schütten wir zuerst groben Kies hin, den wir mit einer zweiten Schicht aus Sand, Gesteinsmehl und Edelsplitt zu einer ebenen Fläche walzen. Dann erst folgen vier Zentimeter Asphaltdecke, die übrigens auch aus grobem und feinem Gestein besteht, das mit klebrigem Bitumen aus Erdöl verbunden wurde.

Steine haben Gewicht, sie stemmen sich den Jahrhunderten entgegen, den Zufällen der Welt und ihren Unwägbarkeiten. Wer hat nicht schon beim Spaziergang durch eine Stadt wie Wien, Berlin oder München beim Anblick der alten Gebäude an die Flüchtigkeit des Lebens gedacht, daran, wer in diesen Häusern früher lebte oder welche Urteile in jenem Justizpalast gefällt wurden?

Unsere Glasfenster bestehen aus Sand, jedes Jahr bauen wir in Deutschland 10 Millionen Tonnen Quarzsand ab. Wir vermischen ihn mit Soda, Pottasche, Feldspat und Kalk und schmelzen ihn in hoher Temperatur zu Glas. Was wäre unser Leben ohne Fenster, die Licht hereinlassen, Hitze und Kälte aber abwenden! Was wäre mein Leben ohne Brille!

Glas hat mich schon als Kind fasziniert. Leckt man daran, scheint es fast flüssig zu sein. Und tatsächlich, sein Aggregatzustand ist der eines ewigen, zähen, langsamen Fließens. Immer noch gibt die besondere Molekularstruktur des Glases Physikern und Chemikern Rätsel auf. Glasmoleküle befinden sich wie bei einer Flüssigkeit in Bewegung, sie wollen fest werden und ein Kristallgitter ausbilden. Aber sie tun es nicht. Sie bilden Molekül-Inseln, sodass Glas keine einheitliche Dichte hat, sondern enge und lockere Bereiche. Womöglich hängen die besonderen Eigenschaften von Glas damit zusammen, dass sich die einzelnen Moleküle nicht entscheiden können, zu welcher der Inseln sie gehören wollen, und so im Fluss bleiben, statt ein regelmäßiges Kristallgitter zu bilden.

Glas wird nicht nur von Menschen hergestellt. Schlägt ein Blitz in einen Sandboden ein, bringt er den Sand zum Schmelzen, und man

kann später ein verzweigtes Gebilde aus Glas-
röhren ausgraben. Fulgurite nennt man solche
Blitzröhren. Sie werden mehrere Meter lang.

Nicht nur in Fensterscheiben nützt uns Glas.
Es transportiert auch unsere Informationen.
Dabei bewegen sich Lichtteilchen durch Glas-
fasern. Licht ist zehnmal schneller als Strom.
2016 gelang es Forschern, durch eine Glasfaser
Daten mit 1 Terabit pro Sekunde zu übertragen, was bedeuten würde, alle Folgen der Fern-
sehserie »Game of Thrones« in HD-Qualität
innerhalb von einer Sekunde herunterzuladen.
Und 2019 wurden in einem neuen Rekord
durch das Unterseekabel, das Bilbao in Spanien
mit Virginia Beach in den USA verbindet und
den Firmen Microsoft und Facebook gehört,
26,2 Terabit pro Sekunde übertragen – und das
über eine Kabellänge von 6600 Kilometern. Bei
dieser Geschwindigkeit könnte der Inhalt
sämtlicher gedruckter Bücher der Welt in 15
Sekunden übertragen werden. Oder 700 DVDs
pro Sekunde. Es könnten 400 Millionen Tele-
fongespräche gleichzeitig übertragen werden.

Mit Kupferdraht wäre so etwas undenkbar. Es ist nur möglich durch Glas und die hohe Geschwindigkeit von Licht. Dass wir also Videos und Musik, Bilder und Mails in einer Größe und Qualität verschicken können, wie wir es heute tun, verdanken wir dem Glas.

Jahrtausendelang galten Glasfenster als Prestigeobjekt der Reichen und Mächtigen. Heute sind Fenster aus Glas selbstverständlich für uns. Geschmolzener Sand, der unser Leben verschönert. Wir formen aus Steinen unsere Welt.

Ein Kiesel, wie vollkommen ist er! Ich halte ihn in der Hand, ruhig liegt er da, seine Form ist edel, er wirkt in seinem steinernen Gewicht fast weich und schmeichelt der Haut, denn das Wasser hat ihm jede Kante abgeschliffen, es hat ihn rund und kühl und fehlerlos gemacht.

Immer wieder bringen mir meine Söhne, 4 und 6 Jahre alt, begeistert einen Stein, der eine schöne Farbe hat oder eine besonders glatte Oberfläche und so geformt ist, dass man ihn angenehm in der Hand halten kann.

Jona hatte kürzlich einen gefunden, der eine Einbuchtung besaß, in die er seine Fingerkuppe fügen konnte. »Da kann man einen Fingerabdruck machen!«, sagte er begeistert. Der Stein war sein größter Schatz. Dann fiel er im Badezimmer auf die Fliesen und zerbrach in drei Teile. Jona weinte, als wäre ein Haustier gestorben.

Auch am Lebensende verwenden wir einen Stein, um an den Verstorbenen zu erinnern. Spaziere ich über einen Friedhof und lese die Namen auf den Grabsteinen, erfasst mich immer ein eigenartig schwebendes Gefühl, ich bin der Zeit enthoben, ich denke über die Ewigkeit nach.

Nach 632 Jahren Bauzeit wurde der Kölner Dom 1880 fertiggestellt. 1248, als man den Grundstein legte und mit der Baustelle begann, war die Brille noch nicht erfunden. Während man am Dom baute, entdeckte man den Buchdruck und fand heraus, dass die Erde um die Sonne kreist, der englische Pirat Francis Drake trieb sein Unwesen, und Martin Luther übersetzte die Bibel ins Deutsche. Leonardo da Vinci malte die Mona Lisa. Und während der Bau einmal pausierte (mit Kran auf dem Turm, über lange Zeit), wurden die Städte Karlsruhe und Ludwigsburg gegründet.

Vor 140 Jahren wurde der letzte Stein in die Spitze des Südturms gesetzt, im Beisein von Kaiser Wilhelm I., aber die Bauhütte wurde nicht geschlossen. Das wird sie nie, denn die Zeit zerstört immer wieder Teile des Doms, sie zerfrisst ihn, er zerfällt, seit er vollendet ist, und muss fortwährend repariert werden. Regen und Frost greifen den Stein an, der Rauch aus den Schloten schwärzt ihn, jährlich fallen rund 5 Millionen Euro Instandhaltungskosten an.

Auch wir zerfallen irgendwann zu Staub, seit Jahrtausenden ist dies das Schicksal der Lebewesen auf der Erde. Was liebt Gott an uns? Warum rettet er uns, auch wenn wir uns wieder und wieder, oftmals trotzig, eine blutige Nase holen?

Im Kroatienurlaub hörte ich nachts eine Zwergohreule mit einem penetranten, sich unverändert wiederholenden peilsenderartigen

Laut rufen. Zuerst meinte mein Schwieger-vater, es handele sich um ein Schiff (weil wir am Meer übernachteten). Ich bemerkte Lena gegenüber, dass ich mir eine Schrotflinte an-schaffen würde, wenn ich hier dauerhaft leben würde. Dann aber tat mir die Zwergohreule leid. Sie ist klein, gerade amselgroß, und ruft stundenlang sehnsüchtig nach einer Partnerin. Kann man das nicht verstehen? Dass da ein Geschöpf im Mondschein Sehnsucht nach Zweisamkeit und Nähe hat? Ich erinnere mich an Nächte als Teenager, in denen ich selbst sehnsüchtig zum Mond aufsah und wahr-scheinlich, wenn ich gekonnt hätte, genauso peilsenderartige Laute von mir gegeben hätte.

Gott mit einer sehnsüchtigen Zwergohreule zu vergleichen wäre absurd. Aber vielleicht hat er Sehnsucht. Er empfindet Liebe zu uns, er, der Unfassbare, der Weltenschmied, der Lieb-haber der Unvollkommenen.

Roger Willemsen schildert in seinem Buch *Momentum,* wie er sich abends vor ein Theater stellte, aus dem nach einer Vorstellung gerade das Publikum herausströmte, und ein Eintrittsgeld ins Leben verlangte.

Würde uns das, was wir Alltag nennen, kostbarer sein, wenn wir dafür Eintrittsgeld bezahlen müssten? Würden wir begreifen, wie geheimnisvoll das Leben ist? Würden wir mitten im Alltag innehalten und in die Weite des Augenblicks horchen? Würden wir alle Sinne öffnen?

Ich betrachte in der Galerie ein Gemälde, und dann habe ich es im Kopf. Ich verlasse das Gebäude und gehe nach Hause, und das Gemälde nehme ich mit, in mir, und selbst wenn es abgehängt und in den Keller der Galerie verfrachtet oder ins Ausland geschickt werden würde – ich könnte es mir jederzeit vor Augen rufen, nicht in allen Details, aber doch einigermaßen vollständig.

Genauso ist es, wenn ich eine Wiese betrachte, wie sie im Frühling in kraftstrotzendem Grün dick und saftig wuchert, wie die Pusteblumen darauf ihre zarten Flugschirmchen ballen, wie der Wind dahinter in den Bäumen rauscht. All das nehme ich vom Spaziergang mit, die Geräusche, den Duft, den Anblick, ich trage sie als Schatz in mir.

Ich möchte die Verantwortung dafür übernehmen, was ich denke, möchte selbstbewusst und aufmerksam genug sein, um mich zu entscheiden, worauf ich achte, anstatt gedankenlos durch die Tage zu stolpern.

Ich will das Leuchten der kleinen Augenblicke bemerken, die Frische des Lebens. Wespen, die aus einem Loch torkeln, als müssten sie sich kurz orientieren, bevor sie in die Sommerluft davonschwirren. (Wie erstaunlich, dass sie ihre Nester aus eingespeichelten Holzfaserstoffen bauen, graubraunes Wespenpapier, das sie ganz ohne Hilfe erzeugen.)

Schneebeeren, die weiß und schaumig knallen, wenn Kinder sie zerdrücken oder auf den Boden werfen.

Die Straßenlaterne in meiner Nachbarschaft, die vollständig von einer Schlingpflanze eingehüllt wurde, vom Boden bis zur Spitze. Sie hat sich verwandelt. Sie ist jetzt ein Baum mit eisernem Herzen. Die Pflanze hat saftige dunkelgrüne Blätter, es geht ihr prächtig, scheinbar macht es ihr nichts aus, dass sie ihre Haftscheiben an kalten Stahl heftet.

Wie die Natur immer wieder Räume erobert, sich nicht einhegen lässt. Pflanzen sprießen durch Beton, in Berlin wuchern junge Sträucher auf länger nicht benutzten Gleisen an entlegenen S-Bahnhöfen, und auf unserem Balkon will eine Birke wachsen in dem schmalen Spalt zwischen zwei Fliesen. (Ich weiß, wir werden sie entfernen müssen, obwohl mich das schmerzt.)

Dass es überall so sprießt! Wo Erde ist, wächst auch Gras, wachsen Kräuter, wachsen Sträucher. Die Pflanzen schaffen es, Gehwegplatten anzuheben. Ist der Gehweg mit kleinen Steinen gepflastert, wird er von den Baumwurzeln zu stillstehenden Wellen verändert. Ich liebe die »welligen« Gehwege in Berlin, die meine Fußsohlen massieren durch die Unebenheiten, überhaupt geben mir diese Wege

Heimatgefühle. Ich schätze gerade das Unperfekte an ihnen.

Das Leben hat jede Aufmerksamkeit und jedes Interesse verdient. Es lohnt sich, jeden neuen Tag voller Freude zu begrüßen und zu ehren. Ich wünsche mir eine innige und liebevolle Nähe zu den Dingen. Will mich vertiefen, auch in ganz Alltägliches. Will genau hinsehen. Will die Liebe zur Welt empfinden, morgens um sieben, wenn der Tag durch das offene Fenster hereinströmt und noch endlos viele Stunden hat.

Ich fahre mit Lena und den Kindern zur Gretlmühle, an einen See. Die Kinder sind viel im Wasser, ich schwimme auch, bis zur Mitte des Sees, dann auf dem Rücken mit Blick zum Himmel, dann tauche ich ein Stück. Am Ufer plaudern Leute, normalerweise kostet mich so etwas Kraft, die vielen Sinneseindrücke, die vielen Menschen, ich kann sie nicht ausblenden, muss immer zuhören und mir Gedanken dazu machen. Heute allerdings kann nichts meine Laune trüben. Ich beobachte die Kinder – Lena spottet darüber, dass ich sie ständig überwachen muss – und freue mich, dass mir der Tag am See guttut.

Als wir am Nachmittag heimfahren, bin ich glücklich und erschöpft. Jetzt steht mir der Sinn nach Alleinsein, ich lese und wimmele die Kinder ab, die mit mir spielen wollen. Da sagt Lena: »Ich gehe jetzt noch auf das Altstadtfest.«

Wie anders sie ist als ich! Überhaupt nicht erschöpft von den Menschen am See, hat sie längst nicht genug und will jetzt noch mal ins Gewimmel. Ich liebe sie in diesem Moment besonders. Ich feiere ihre Andersartigkeit.

»Vor allem möchte ich fliegen.
Nur fliegen …«

Wir träumen und leiden darunter, dass unsere Lebensträume so selten wahr werden. Bei Antoine de Saint-Exupéry waren Traum und Leben eins. Er träumte vom Fliegen, schon als Kind, und er flog sein Leben lang. »Ich stamme aus meiner Kindheit«, schrieb er in *Flug nach Arras.* »Ich stamme aus meiner Kindheit wie aus einem Land …«

Er bastelt als Kind ein Fahrrad mit Flügeln. In den Sommerferien im Schloss Saint-Maurice klettert er über den Zaun des Parks und läuft, gemeinsam mit seiner Schwester, zum Flugfeld von Ambérieu. Dort bestürmt er die Mechaniker mit seinen vielen Fragen. Als er darum bittet, mitfliegen zu dürfen, wird er abgewimmelt – man weiß, dass Madame de Saint-Exupéry das nicht erlauben würde. Eines Morgens aber kehrt er zum Flugfeld zurück und strahlt: Seine Mutter habe es erlaubt. Er überredet den jungen Piloten Salvez, ihn mitzunehmen, und klettert, zwölfjährig, hinter ihm in die offene Kanzel. Zweimal umrunden sie in der Luft das Flugfeld. Natürlich hat er gelogen, seine Mutter weiß nichts davon. Die Leidenschaft fürs Fliegen wird ihn aber nie wieder loslassen.

Beim Vorsprechen um eine Stelle im Luftfahrtunternehmen Aéropostale sagt er dem Geschäftsführer: »Monsieur, vor allem möchte ich fliegen. Nur fliegen …« Das rührt den Mann so sehr, dass er Antoine mit einer Empfehlung zu seinem Betriebsleiter schickt, und der nimmt ihn auf. Allerdings muss Antoine ganz unten auf der Karriereleiter beginnen. Ein Flugzeug fliegen darf er zunächst nicht, sondern lernt alles über seine Instandhaltung. Er beginnt als Techniker in den Hangars.

Die Vision der Firma ist es, eine Flugpostlinie von Frankreich über Spanien und Nordafrika nach Südamerika einzurichten. Ein Schiff braucht 23 Tage von Frankreich nach

Argentinien, ein Flugzeug könnte die gleiche Strecke in sieben Tagen schaffen, oder in vier, wenn es nachts fliegen könnte. Allerdings sind Flugzeuge damals noch wenig erprobt und haben häufig Pannen. Jederzeit können die Motoren aufgeben. Eine ständige Funkverbindung gibt es nicht, es kann nur mit der nächstgelegenen Station Kontakt aufgenommen werden. Eine Bruchlandung in unzivilisiertem Gebiet ist eine bedrohliche Gefahr. Meist ist ein Mechaniker mit an Bord, und man überfliegt nicht die Pyrenäen, man folgt der Küste und orientiert sich an Flüssen, Wäldern, Eisenbahnlinien. Dabei sitzt man in einer offenen Kanzel und ist jeder Windböe und jedem Wetter ausgesetzt.

Trotzdem geht die Aéropostale das Unterfangen an, und sie baut Stück für Stück die Linie auf. Antoine de Saint-Exupéry fliegt den Abschnitt Toulouse–Casablanca–Dakar zur Westspitze Afrikas – er sitzt in pelzgefütterter Fliegerkombination mit vermummtem Gesicht hinter der Windschutzscheibe eines Doppeldeckers und ist glücklich.

»Am Abend hab ich mein Flugzeug besucht.«
Das klingt bei ihm, als würde er ein Lebewesen
meinen. Wie ein Pferdenarr abends noch in
den Stall geht, so besucht Antoine de Saint-Exupéry sein Flugzeug.

Als er drei Jahre alt war, starb sein Vater.
Vielleicht strebt er nach den Flieger-Helden-
taten, um sich vor dem verlorenen Vater zu beweisen, um dem großen Abwesenden zu zeigen, dass er seiner würdig ist. Bewusst ist ihm
das vermutlich nicht.

Nach Monaten des Fliegens wird er von der
Aéropostale am Boden stationiert, in Juby, einem
Kap an der Küste Marokkos, nicht weit von den
Wüsten der Westsahara entfernt. Sein Flugplatz
besteht aus ein paar Baracken und einer holpri-
gen Piste. Antoine zähmt einen Wüstenfuchs.

In den sternenübersäten, einsamen Nächten
entsteht sein erster Roman, *Südkurier,* die Geschichte eines Postfliegers und seiner unglück-
lichen Liebe.

»Ich beschritt also völlig jungfräulichen
Boden«, schreibt er später in *Wind, Sand und*

Sterne. »Als erster ließ ich den Muschelstaub wie edles Gold von einer Hand in die andere gleiten. Als erster störte ich das Schweigen dieses Ortes. Auf diesem Block, der, wie eine Eisscholle, solange er steht, keinen Grashalm hervorgebracht hat, war ich wie ein vom Winde verwehtes Samenkorn, der erste Zeuge des Lebens.«

1929 wird er zum Direktor der argentinischen Luftpostgesellschaft Aeroposta Argentina ernannt. Seine Aufgabe ist es, von Buenos Aires aus neue Flugrouten zu erkunden nach Patagonien, Feuerland, Paraguay. Er richtet dort die ersten Basen ein. Manchmal legt er bei einem Inspektionsflug am Tag 2500 Kilometer zurück. Er fliegt über die Anden, so wie sein Alter Ego in *Nachtflug:* »Er flog friedlich über die Kette der Anden dahin. Die Schneelasten des Winters ruhten auf ihnen mit der ganzen Wucht ihrer Stille. [..] Auf zweihundert Kilometer hin kein Mensch, kein Lebenshauch, keine Regung. Nur senkrechte Schroffen, an denen man, in sechstausend Meter Höhe, vorbeistreicht: nur Felsmäntel, in steilen Falten hinab, nur furchtbare Stille.« Am 21. Juli 1930 schreibt er in einem Brief an seine Mutter: »Wie großartig sind die Anden! Ich befand mich dort in sechstausendfünfhundert Meter Höhe, als ein Schneesturm aufkam. Alle Felsenspitzen spien Schnee wie Vulkane, und mir war, als begänne das ganze Gebirge zu kochen […], und darüber im Flugzeug, – da hat man ein Gefühl wunderbarer Einsamkeit.«

Er fliegt über die Iguaçu-Wasserfälle. Am Strand vom Patagonien entdeckt er Tausende von Seehunden. Der Schatten des Flugzeugs liebkost die Landschaft unter ihm. »Es ist, als ob mir mein Leben mit jeder Sekunde geschenkt würde. Als ob mir mein Leben mit jeder Sekunde fühlbarer würde. Ich lebe. Ich bin am Leben. Ich bin noch am Leben. […] Die Trunkenheit des Lebens kommt über mich.« *(Flug nach Arras)*

Als Pilot sei man eine Art Biologe, schildert er in *Wind, Sand und Sterne,* der vom Fenster aus die menschlichen Ameisenhaufen studiere,

Städte, die im Mittelpunkt des Strahlenkranzes ihrer Straßen auf der Ebene säßen.

Im Roman *Nachtflug* stellt er die Frage, ob es gerechtfertigt sei, für einen schnelleren Posttransport per Flugzeug das Leben der Piloten zu riskieren. Er selbst hat durch Abstürze immer wieder Kollegen verloren. Aber die große Errungenschaft scheint es ihm wert zu sein.

Später kehrt er nach Europa zurück und fliegt die Linie Marseille–Algier. Dann leitet er die Postfluglinie Casablanca–Dakar.

Der Absturz in der Wüste, von dem er in *Der kleine Prinz* erzählt, ist autobiografisch. Im Dezember 1935 ist Saint-Exupéry unterwegs von Paris nach Saigon, er tankt in Benghasi in Libyen auf und fliegt weiter in Richtung Kairo. Bei Nachteinbruch ist die ägyptische Hauptstadt noch immer nicht in Sicht. Er hat sich in der Wüste verirrt. Saint-Exupéry geht hinunter auf eine niedrige Flughöhe, um das Terrain zu erkunden, und dabei zerschellt die Maschine. Sowohl er als auch sein Mechaniker André Prévot bleiben nahezu unverletzt. Dennoch ist ihr Leben bedroht: Sie haben weder Wasser- noch Nahrungsreserven, und sie können sich in der Wüste nicht orientieren. In der Hoffnung, dass sie jemand entdeckt, bleiben sie mehrere Tage in der Nähe ihres Flugzeugwracks. Am Ende bleibt ihnen nur, in Richtung Osten loszuwandern. Dank einer glücklichen Fügung werden sie von Beduinen gefunden und versorgt.

Was fasziniert Antoine de Saint-Exupéry am Fliegen?

»Kaum ist man losgeflogen, befindet man sich in einer anderen Welt«, schreibt er in seiner ersten veröffentlichten Erzählung, *Der Flieger*. »Wer fliegt, reißt sich vom Erdboden los, an den wir durch die Naturgesetze gebunden sind, er überwindet die Grenzen, die uns Menschen gesetzt sind, hebt ab, steigt auf. Aber er wagt damit sein Leben. Die Verwandlung in ein fliegendes Wesen muss teuer bezahlt werden, immer drohen Absturz und Tod.«

Das Geschenk, das man im Gegenzug erhält, ist ein neuer Blick auf die Welt. »Diese Steppen, diese Städte, diese Gebirge … man zog aus, frei, sie zu erobern«, schreibt er in *Nachtflug* und schildert den »dichten Pelz schwarzer Wälder, steil hinabtauchend in das lebendige Silber des Meeres«. Flugzeuge sind noch so selten, dass er mit den Flügeln grüßt, wenn er einen entlegenen Hof überfliegt und Menschen sieht, er lässt das Flugzeug schwanken, ein Gruß aus dem Himmel.

Die langen Stunden in Einsamkeit und Stille tun ihm gut, er hat dort Zeit, um nachzudenken. 1928 schreibt er in einem Brief: »Meine kleine Mama, ich schreibe dir aus Port-Etienne während einer Zwischenlandung. Es liegt mitten in der Wüste. Es zählt etwa drei Häuser. In einer Viertelstunde fliegen wir weiter.« Er sieht Orte, an die er sonst nie gelangt wäre. Überall bleibt er nur für Minuten und nimmt die Post auf, höchstens bleibt er mal eine Stunde.

Dann beginnen die Nachtflüge. Sie werden erst sehr debattiert, aus Sicherheitsgründen. Eine Mannschaft (Funker und Pilot) mit zweihundert Kilometern in der Stunde gegen die

Gewitter und Nebel und sonstige Hindernisse auszusenden, die die Nacht verborgen hält, ist riskant. Die Finsternis macht den Piloten zeitweise blind, es besteht die Gefahr einer Kollision mit einer Bergwand, oder es droht ein Absturz im Meer. Man beginnt zögerlich, lässt die Piloten eine Stunde vor Tagesanbruch starten, und sie landen eine Stunde nach Sonnenuntergang. Erst allmählich wagt man sich in die Nacht vor.

Antoine de Saint-Exupéry ist einer der Pioniere. Er macht mit seinem Flugzeug Turnübungen inmitten der Sterne. In seinem Roman *Nachtflug* schreibt er darüber aus der Sicht des Piloten Fabien. »Die ganze Erde war übersponnen von Lichtgrüßen, jedes Haus zündete seinen Stern an vor der unendlichen Nacht, gleichwie man das Feuer eines Leuchtturms gegen das Meer wendet. Alles, was Menschenleben barg, glitzerte. Fabien schwoll das Herz. Ja, wie in einen Hafen war diesmal die Einfahrt in die Nacht, sacht und schön.« Fünf Tonnen Metall schwanken durch die Nacht, angetrieben

durch einen Motor mit fünfhundert Pferdestär-
ken. Der Pilot liefert sich den Elementen aus,
der Macht des Windes, den Regengüssen, dem
Sternenlicht. »Da drunten streuten schon die
kleinen Städte Argentiniens ihre Goldkörner in
die Nacht.«

Tagsüber spielt Saint Exupéry während des
Fluges Schach mit einem Freund, der ebenfalls
gerade ein Flugzeug steuert – via neu einge-
richtetem Funk. Wenn er verliert, ist er verär-
gert. Gewinnt er aber, dann sorgt er dafür, dass
sich die Neuigkeit die Luftpostlinie entlang
weiterverbreitet.

1939, als Frankreich in den Krieg eintritt,
wird Antoine de Saint-Exupéry mit dem Rang
eines Hauptmanns ausgestattet und in Orconte
in der Champagne bei der Militärischen Fern-
aufklärung eingesetzt. Im Dezember erklärt er
in einem Brief an die Mutter: »Man unterhält
ein großes Holzfeuer, an dem ich mich auftaue,
wenn ich wieder aus dem Flugzeug klettere.
Denn wir fliegen hier in zehntausend Meter
Höhe bei minus fünfzig Grad Kälte! Aber wir

sind so vermummt (30 Kilo an Kleidung!), dass wir nicht allzusehr darunter leiden.«

Ein halbes Jahr später erklärt er: »Die Seele ist's, die heute derart verlassen ist, man stirbt vor Durst.« Der Glaube wird ihm in dieser Zeit sehr wichtig. In *Flug nach Arras* schreibt er davon, dass die Räder der Welt nicht mehr ineinandergreifen. »Das liegt nicht am Material, es liegt am Uhrmacher. Der Uhrmacher fehlt.«

Die Altersgrenze für militärische Piloten hat er längst überschritten. Man entlässt ihn aus der Armee, und er kehrt zu seiner Frau zurück, die in die USA emigriert ist. Dort wäre er in Sicherheit gewesen. Aber der Krieg in Europa lässt ihn nicht los. Er muss an seinen Freund Leon Werth denken, einen Juden, der unter der Naziherrschaft stark gelitten hat und aus Paris fliehen musste. Ihn kann er nicht im Stich lassen. Er will für den Freund und dessen Freiheit kämpfen – und für die Freiheit Frankreichs. Von New York aus ringt er darum, wieder für die Alliierten fliegen zu dürfen. Er lässt Consuelo zurück (sie ist die Rose, die der Kleine Prinz auf seinem Planeten zurückgelassen hat und an die er voller Reue denkt) und fliegt in Europa weitere Aufklärungsflüge, bis zu seinem Tod im Juli 1944.

Von oben, aus der Luft, ist der Blick auf die Welt und das Leben ein anderer. Manchmal ist Abstand gut, um klarer zu sehen. Alexander Gerst, der 166 Tage an Bord der Internationalen Raumstation ISS verbrachte, sprach 2014 von einem »kleinen blauen Planeten mit sehr begrenzten Ressourcen, umrundet von einer hauchdünnen Luftschicht und bedeckt mit einem hochzerbrechlichen Ökosystem«. Er habe »einen besonderen Blick erhalten auf den bisher einzigen uns bekannten Ort im Universum, an dem wir Menschen dauerhaft leben können«.

Und der Astronaut Frank Bormann, der mit Apollo 8 den Mond umrundete, drückte es vor über 40 Jahren so aus: »Wenn du von da oben auf die Erde zurückblickst, verschwimmen alle diese Unterschiede und Nationalcharaktere, und du denkst, dass das vielleicht wirklich eine

Welt ist und warum wir, zum Teufel noch mal, nicht lernen können, wie anständige Leute zusammenzuleben.«

Uns wurde ein Planet geschenkt, der bis heute noch nicht vollständig erkundet ist. Immer noch finden wir neue Tiere und Pflanzenarten. Und wir finden uns. Wie gut, dass Gott uns mit Neugier ausgestattet hat und mit einem wachen, aufmerksamen Verstand. Wir dürfen mit Liebe die Welt erforschen und bestaunen.

Ich will wieder lernen, die alltäglichen Kleinigkeiten zu genießen, die Trivialitäten des Lebens, die mir oft nur wie Unterbrechungen der Arbeit erscheinen.

Seid dankbar in allen Dingen, steht in einem jahrtausendealten Buch. Soll das heißen, dankbar am Krankenbett? Dankbar in der täglichen Überforderung, in der Firmenpleite, im Voranstolpern am Dienstagvormittag? Das und noch mehr. Den Zauber des flüchtigen Augenblicks, der uns noch stundenlang wärmen kann, entfesseln wir erst durch Dankbarkeit, im Be-

staunen einer Ulme oder eines winzigen In-
sekts, beim Essen einer Himbeere und beim
Betrachten einer Kinderzeichnung.

Der Schlüssel zum Glück liegt darin, zu lieben, was ist. Das Winzige, das Große, das Nahe,
das Ferne, das Unsichtbare und das Sichtbare.
Es tut gut, genauer hinzusehen und das Leben
dankbar neu zu spüren.

Titus Müller, Jahrgang 1977, geboren in Leipzig. Studierte in Berlin Literatur, Mittelalterliche Geschichte, Publizistik und Kommunikationswissenschaften. Mit 21 Jahren gründete er die Literaturzeitschrift *Federwelt.* Titus Müller lebt heute mit seiner Familie bei München, ist Mitglied des PEN-Clubs und wurde für seine Romane u.a. mit dem C.S. Lewis-Preis und dem Sir-Walter-Scott-Preis ausgezeichnet. 2016 erhielt er den Homer-Preis.

Frei sein heißt,
keine Angst zu haben

Freiheit – dieses Wort ist ein Schlüssel für das Handeln
von Dietrich Bonhoeffer. Die Freiheit des Einzelnen; sich
zu entscheiden, zu hoffen, zu glauben, zu lieben und für
das einzutreten, was wichtig ist.
Dietrich Bonhoeffer war bereits in den USA in Sicherheit,
als er sich im Sommer 1939 entschied, nach Deutschland
zurückzukehren. Er spürte, dass er gebraucht wird, und
engagierte sich im Widerstand gegen Adolf Hitler und
die Nazi-Diktatur.

Barbara Ellermeier

**Dietrich Bonhoeffer –
Es lebe die Freiheit!**

144 Seiten · Hardcover mit
handschmeichlerischem Einbandmaterial
ISBN 978-3-96340-119-0
€ [D] 12,– · € [A] 12,40

gutes leben
bene!

Besuchen Sie uns im Internet:
www.bene-verlag.de

Aus Verantwortung für die Umwelt hat sich die Verlagsgruppe Droemer Knaur zu einer nachhaltigen Buchproduktion verpflichtet. Der bewusste Umgang mit unseren Ressourcen, der Schutz unseres Klimas und der Natur gehören zu unseren obersten Unternehmenszielen.
Gemeinsam mit unseren Partnern und Lieferanten setzen wir uns für eine klimaneutrale Buchproduktion ein, die den Erwerb von Klimazertifikaten zur Kompensation des CO_2-Ausstoßes einschließt. Weitere Informationen finden Sie unter:
www.klimaneutralerverlag.de

Illustrationen: Shutterstock: S. 2 NataLima / kois00kois /
Babich_Alexander / S. 3 Epine / S. 5 Bodor_Tivadar /
S. 8 DELstudio / SpicyTruffel / pikepicture / S. 22, 34, 50, 90
ArtMari / S. 66 Kate_Macate / S. 106 IZ-Stock-Works

© 2020 bene! Verlag
Ein Imprint der Verlagsgruppe
Droemer Knaur GmbH & Co. KG, München
Konzept: Stefan Wiesner
Lektorat: Nicolas Koch
Cover- und Innengestaltung: Maike Michel
Coverabbildungen: Shutterstock / IZ Stock, ArtMari, Morphart
Creation
Druck und Bindung: CPI books GmbH, Leck
Printed in Germany
ISBN 978-3-96340-108-4

5   4   3   2